Knock! Knock!

우리 아이의
수학적 잠재력을 깨워주는 **창의력 수학**

노크

C4

수학박물관으로
배우는 수학

이 책을 보시는 부모님들께

머리가 좋아야 수학을 잘 한다는 말이 있습니다. 또, 수학을 잘 못하는 아이는 아빠, 엄마의 머리를 물려받아서 그렇다는 등의 난데없는 유전자 논쟁이 벌어지기도 합니다. 하지만 많은 사람들의 일반적인 생각과는 달리 이는 근거없는 이야기입니다. 외국의 한 연구 기관에서 언어, 사회, 수학, 과학의 네 가지 분야 중 어떤 것이 아동의 선천적 재능에 영향을 받는지 조사한 연구 결과를 발표했는데 일반적인 예상과는 다르게 선천적 재능에 영향을 받는 순서는 사회, 언어, 과학, 수학 순이었습니다. 다시 말해, 수학은 여러 학문 분야 중 선천적인 재능보다는 후천적인 환경이나 교육자, 학습자의 노력에 가장 큰 영향을 받는 학문이라 볼 수 있습니다. 수학의 가장 기본이 되는 '수 영역'의 예를 들어 보겠습니다. 아이들이 수를 처음 접하는 시기의 차이는 있지만 실제 수에 대한 감각과 수를 다루는 연습은 생활 속에서의 체험이나 다양한 활동, 학습 속에서 이루어집니다. 즉, 수학의 가장 기본이 되는 수는 선천적으로 가진 재능과는 거의 연관이 없으며 자라나면서 어떤 환경에 놓이는지, 얼마나 많이 수를 생각할 수 있는 기회가 있는지, 나이에 맞는 올바른 학습을 만날 수 있는지에 좌우됩니다. 그러므로 아이의 수학적 발달에 문제가 있다면, 그 아이가 누구를 닮아서 그런지, 지능이 떨어지는지를 따질 것이 아니라 수학적 힘을 기를 수 있는 학습 환경을 어떻게 만들어줄 것인가를 고민해야 합니다.

국제영재교육연구소의 랜즐리 소장은 영재의 기준을 마련하기 위해 여러 연구를 시행한 결과, 영재의 공통적인 특징들을 발견하였습니다. 첫째는 115 이상의 지능지수(IQ), 둘째는 창의력(Creativity), 셋째는 동기적 요소라고 부르는 끈질긴 근성과 과제집착력이었습니다. 이들 세 가지 요소 역시 선천적으로 타고 나는 부분도 물론 있겠지만 대부분 후천적인 학습이나 교육 활동을 통해 기를 수 있는 능력이라는 데에 이의를 제기하기는 힘듭니다.

이처럼 수학적 능력은 후천적 학습 환경에 주로 좌우되며, 특히 어린 시절에는 그러한 경향이 더더욱 두드러집니다. 하지만 우리의 아이들을 둘러싼 수학적 환경을 다시 한 번 돌아봅시다. 초등학교를 들어가기 전부터 과도한 학습량과 무의미한 반복 활동, 이후의 수학 학습에 오히려 방해가 될 정도로 무리한 선행 학습 등의 환경은 아이의 수학적 힘을 길러주기보다는 수학에서 가장 중요한 창의적 사고력을 기를 수 있는 기회를 박탈함과 동시에 수학에 대한 흥미를 급속하게 떨어뜨리게 하여 수학으로 문제를 해결하려는 의지, 즉 수학적 동기를 스스로에게 부여하는 것을 불가능하게 만들어 버립니다. 중요한 것은 남들보다 먼저, 그리고 더 많이 수학적 지식을 머리 속에 주입하는 것이 아니라 태어나서부터 누구나 가지고 있는 수학에 대한 관심, 그리고 수학으로 생각하는 힘을 일깨워주는 것입니다.

수학을 잘할 수 있는 힘,

수학적 잠재력은 이미 여러분 아이들의 머릿 속에 줄곧 있어왔습니다. 단지 어떤 아이는 그것을 찾아내어 드러낼 수 있었고, 어떤 아이는 꼭꼭 숨긴 채 평생 드러나지 않을 뿐입니다. 이러한 수학적 잠재력에 대한 참신한 자극 – 생각을 두드리는 '노크'를 제안하려 합니다. '노크'는 수학적 지식과 스킬만을 무리하게 밀어넣지 않습니다. 왜 수학을 해야 하고, 어떻게 수학으로 가능한지 끊임없이 스스로 생각하게하는 계기로서의 활동이 되려 합니다. 일상으로부터 괴리된 학문으로서의 수학이 아닌, 삶을 살아가며 반드시 키워야 할 논리적, 합리적 사고력을 기를 수 있는 누구에게나 가장 중요한 경쟁력으로서의 수학을 주장합니다. '노크'야말로 새로운 수학 학습의 길을 보여주는 방향타가 될 것입니다.

한 현 조

이 책의
구성과 특징

❋ 흥미로운 단원 도입

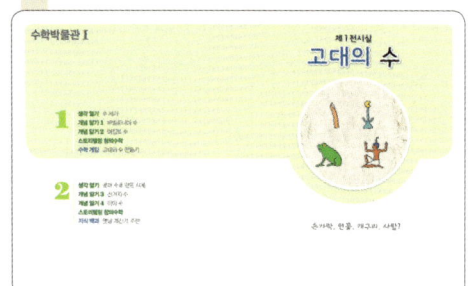

테마 Story

● 이야기의 주제와 단원 내용을 소개함으로써 학습 내용에 흥미를 가질 수 있도록 합니다.

● 단원과 관련된 그림과 질문을 통해 배울 내용을 미리 생각해 볼 수 있습니다.

수학 이야기

● 재미있는 이야기를 통해 학습 주제에 대한 흥미와 관심을 높일 수 있습니다.

● 과학, 예술, 역사, 수학사, 실생활 등 다양한 이야기를 수학적 개념과 관련지어 수학의 가치와 필요성을 느낄 수 있도록 합니다.

❋ 창의적인 내용 전개

💡 생각 열기

● 수학적 개념, 원리, 법칙을 자유로운 생각과 다양한 활동을 통해 발견할 수 있도록 합니다.

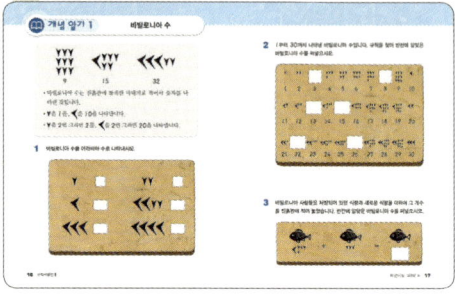

📖 개념 알기

● 단원별 4개의 소주제를 제시하였고, 학습 목표를 쉽게 이해할 수 있도록 설명해 놓았습니다.

● 기본 유형 문제와 간단한 응용 문제로 구성되어 있어 수학적 사고력을 단계적으로 기를 수 있습니다.

이야기 수학_ 이야기 속 문제 상황을 통해 호기심을 유발하고, 단원에서 배우게 될 내용을 예측하고 발견할 수 있도록 하였습니다.
사고력 수학_ 주제별 기본개념을 이해하고, 확인학습을 통해 개념을 익히고 다질 수 있도록 하였습니다.
창의력 수학_ 다양한 방법으로 심화 문제를 해결함으로써 문제 해결 능력, 의사소통 능력, 추론 능력을 향상시킬 수 있도록 하였습니다.

❄ 창의사고력 **심화 학습**

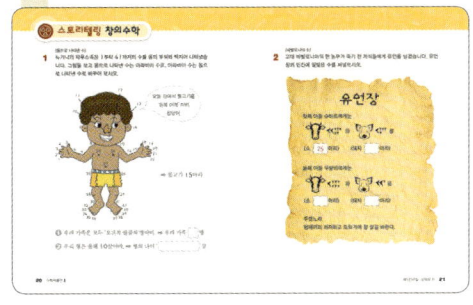

🔴 스토리텔링 **창의수학**

● 주제와 관련된 창의 사고력 수학 문제를 제시하여 학습 내용을 좀 더 다양하고 깊게 탐구해 볼 수 있습니다.

● 다른 학문 분야나 생활 속 현상 등과 같은 다양한 소재로 문제 해결력, 융합적 사고력을 기를 수 있습니다.

❄ 재미있는 **활동과 읽을거리**

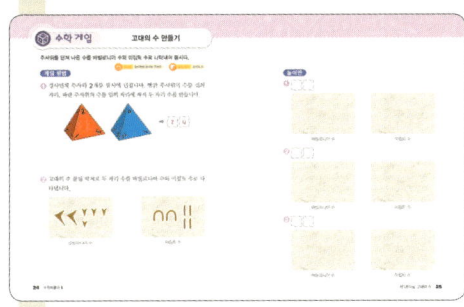

🟣 수학 게임

● 만들기 활동으로 수학에 관심과 흥미를 가지고 수학의 가치를 이해하며, 자연스러운 학습으로 자신감을 키울 수 있습니다.

● 수학 게임으로 재미있게 수학을 학습하고, 게임의 규칙과 승리 전략을 탐구하며 논리적인 사고력을 기를 수 있습니다.

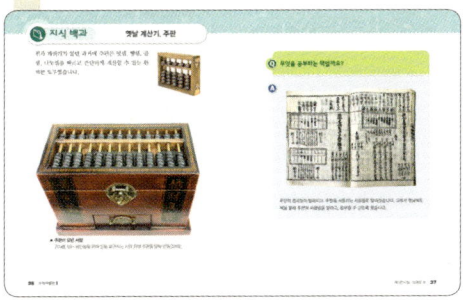

🟢 지식 백과

● 각 단원의 마지막에 있는 읽을거리로 사회, 과학, 예술 및 실생활 사례 등을 수학적으로 바라볼 수 있도록 하였습니다.

● 🅠🅐는 지식을 업그레이드 할 수 있는 코너로 아이들 눈에 궁금할 수 있는 질문과 그에 대한 명쾌한 답을 실었습니다.

❄ 빠른 **답과 바른 풀이**

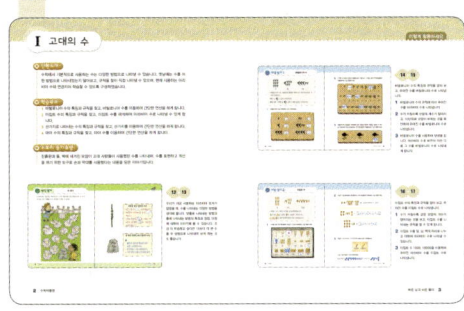

● 각 단원을 간단히 소개하고 학습 목표 및 방향을 바로 세울 수 있게 구성하였습니다. 빠르고 쉽게 정답을 확인할 수 있으며 학부모용 활용 방법을 제시하여 학습지도에 도움이 되도록 하였습니다.

이 책의
차 례 CONTENTS

수학박물관 I

고대의 수

손가락, 연꽃, 개구리, 사람?

진흙과 벽에 수를 그렸습니다.

고대 문명이 발달했던 곳에서 발견된 돌에는 뜻을 알 수 없는 모양이 새겨져 있습니다.

▲ 바빌로니아 수가 새겨진
원형 점토판

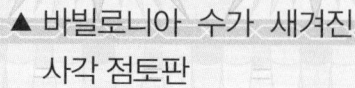

▲ 바빌로니아 수가 새겨진
사각 점토판

오랜 세월 많은 역사학자와 수학자들의 노력으로 그 모양이 수라는 것을 알게 되었습니다.

▲ 이집트 수가 새겨진 벽돌

▶ 이집트 문자가 새겨진 벽화

손과 막대로 수를 표현했습니다.

그림은 수를 손으로 표현하는 방법을 설명하고 있습니다.

새끼손가락을 접어 1을 표현하고,
두 팔을 머리 위로 들고 크게 원을 그려 큰 수를 표현하고 있습니다.

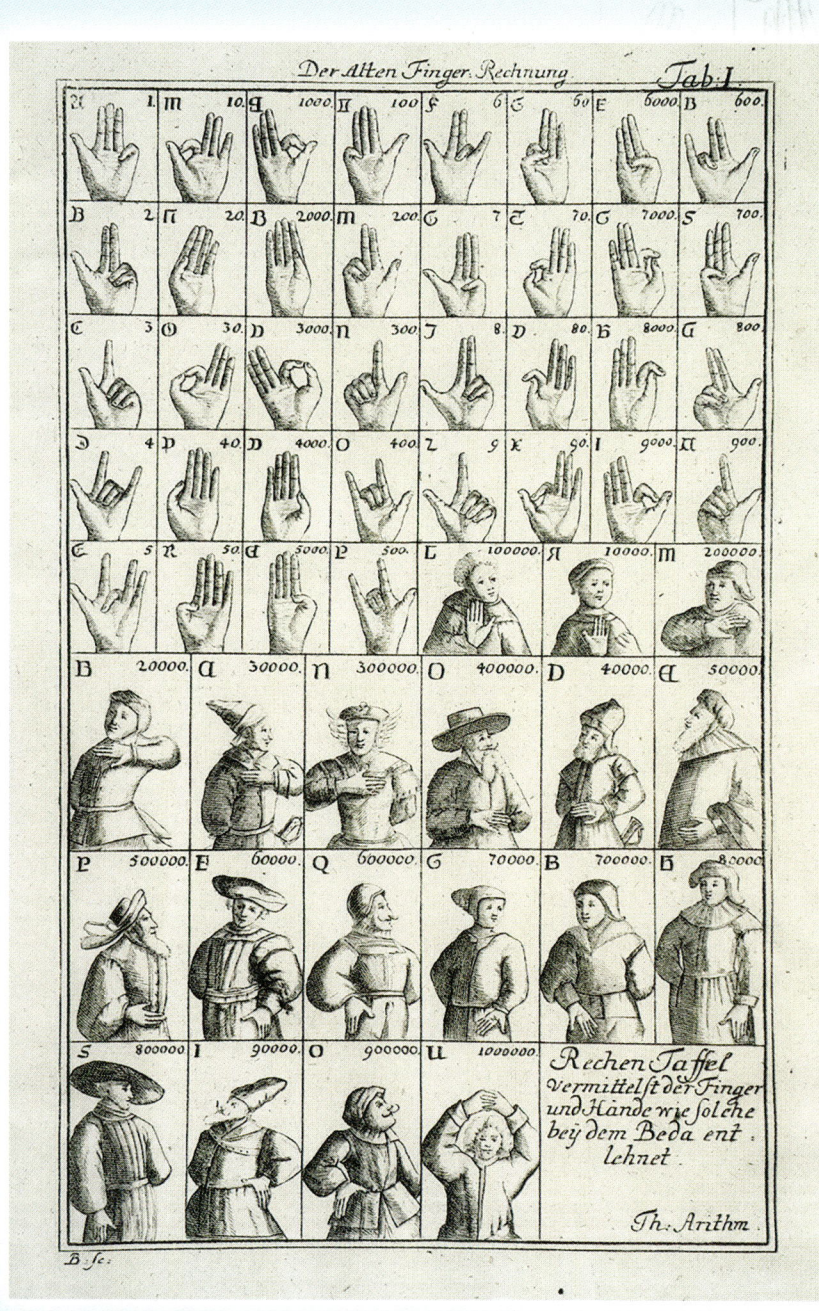

◀ 손가락으로 수 표현
독일, 1727년에 만들어진 그림에는 손가락과 몸짓으로 수를 표현하는 방법이 그려져 있습니다.

옛날 중국에서는 나무 막대를 위아래로 놓아 수를 표현했습니다.

▲ 산가지
아주 오랜 옛날 중국에서 사용된 수 막대입니다. 막대로 모양을 만들어 수를 표현했습니다.

유럽에서는 1, 2, 3, …… 아라비아 숫자를 막대 위에 써넣어 계산을 도와주는 도구가 발명되었습니다.

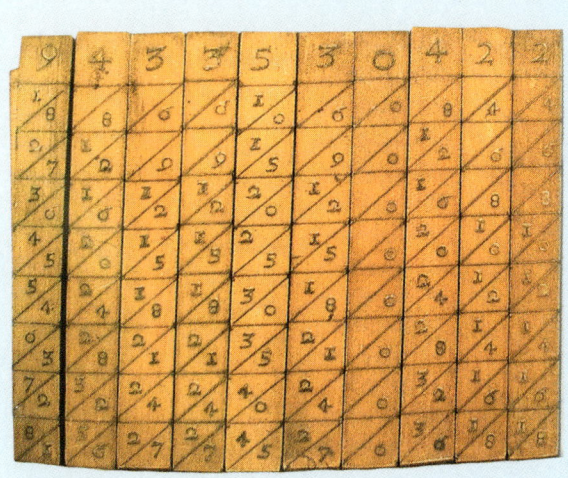

▶ 네이피어 곱셈 막대
영국, 1700년대에 수학자 네이피어가 만든 계산을 편리하게 하는 막대입니다.

수 세기

숫자가 없던 옛날에는 여러 가지 도구를 이용하여 수를 세었습니다. 두 부족이 양을 세는 방법을 보고 알아낸 사실을 써 봅시다.

매듭을 보고 알아낸 사실

- 양은 모두 ☐ 마리입니다.
- 매듭이 나타내는 수는 ☐ 입니다.
- 위의 매듭은 ☐의 자리, 아래의 매듭은 ☐의 자리를 나타냅니다.

돌 위의 모양을 보고 알아낸 사실

바빌로니아 수

- 바빌로니아 수는 진흙판에 뾰족한 막대기로 찍어서 숫자를 나타낸 것입니다.

- ▼은 1을, ◀은 10을 나타냅니다.

- ▼을 2번 그리면 2를, ◀을 2번 그리면 20을 나타냅니다.

1 바빌로니아 수를 아라비아 수로 나타내시오.

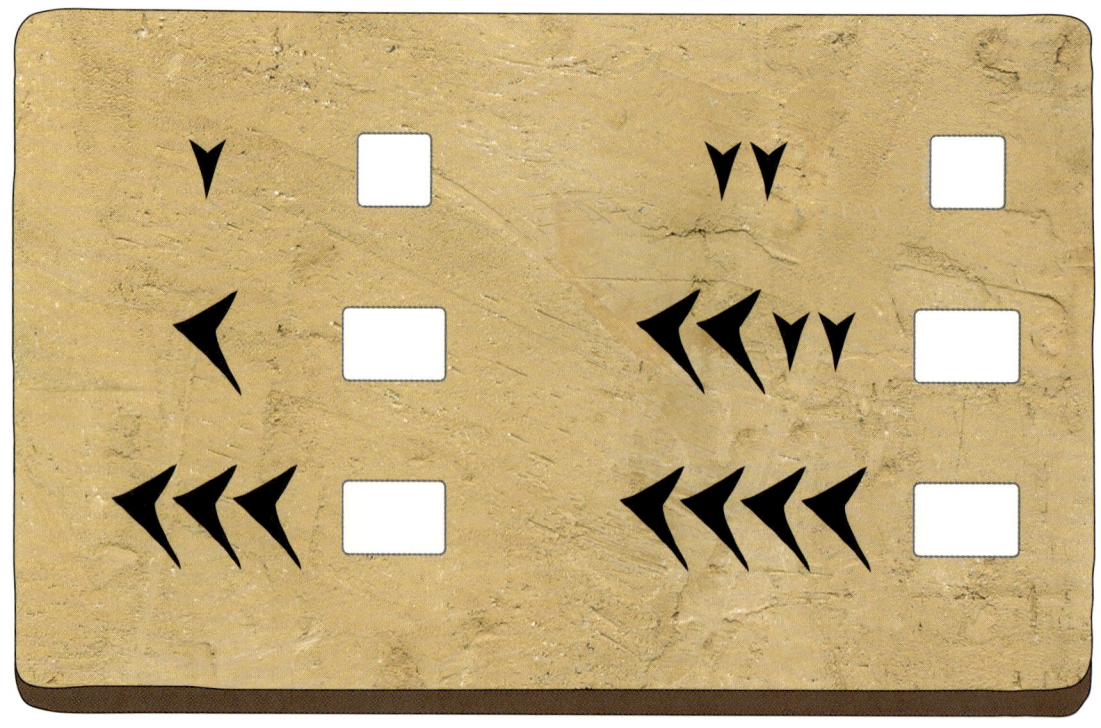

2 |부터 30까지 나타낸 바빌로니아 수입니다. 규칙을 찾아 빈칸에 알맞은 바빌로니아 수를 써넣으시오.

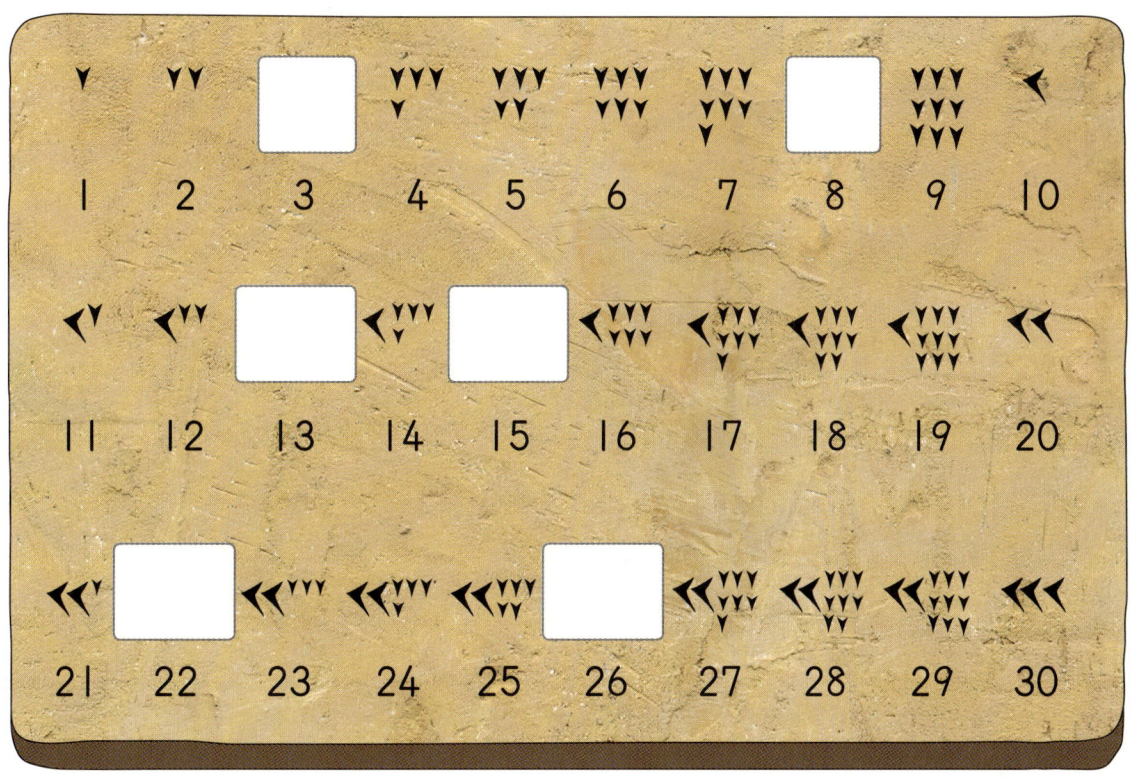

3 바빌로니아 사람들은 저장되어 있던 식량과 새로운 식량을 더하여 그 개수를 진흙판에 적어 놓았습니다. 빈칸에 알맞은 바빌로니아 수를 써넣으시오.

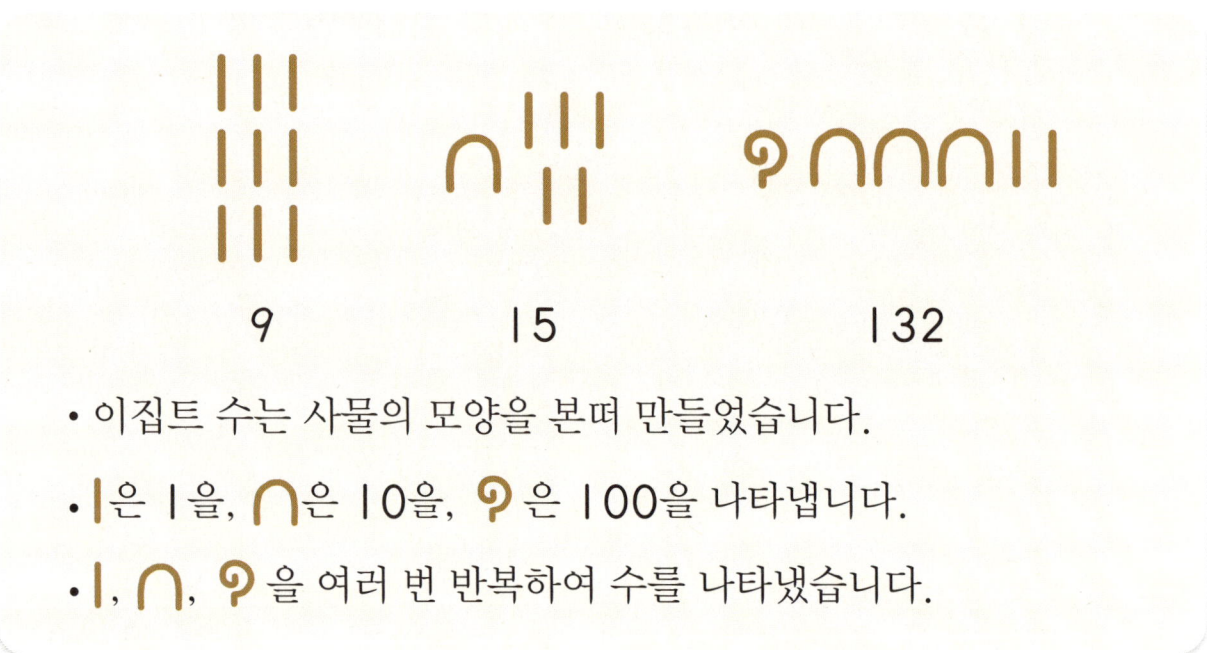

9	15	132

- 이집트 수는 사물의 모양을 본떠 만들었습니다.
- ❘은 1을, ∩은 10을, ᕲ은 100을 나타냅니다.
- ❘, ∩, ᕲ을 여러 번 반복하여 수를 나타냈습니다.

1　규칙을 찾아 빈칸에 알맞은 이집트 수 또는 아라비아 수를 써넣으시오.

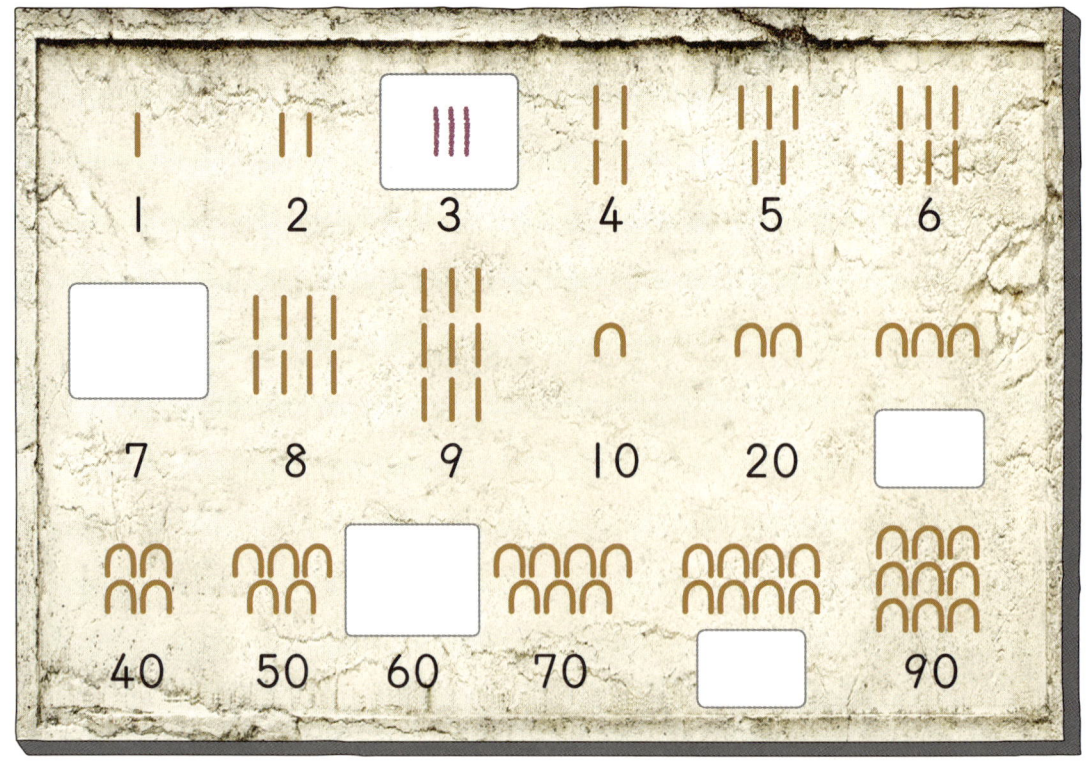

2 이집트 수를 해석하는 방법입니다. 빈칸에 알맞은 아라비아 수를 써넣으시오.

$$200 + 50 + 7 = 257$$

$$\boxed{} + \boxed{} + \boxed{} = \boxed{}$$

$$\boxed{} + \boxed{} = \boxed{}$$

3 이집트 수로 1000, 10000은 다음과 같이 나타냅니다.

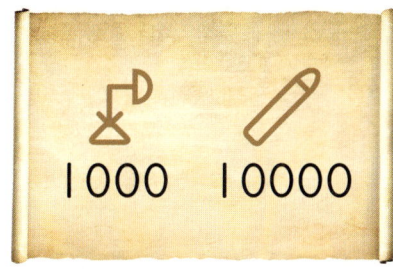

1000   10000

다음 수를 이집트 수로 나타내시오.

1 2321   **2** 11014

[몸으로 나타낸 수]

1 뉴기니의 파푸스족은 1부터 41까지의 수를 몸의 부위와 짝지어 나타냈습니다. 그림을 보고 몸으로 나타낸 수는 아라비아 수로, 아라비아 수는 몸으로 나타낸 수로 바꾸어 보시오.

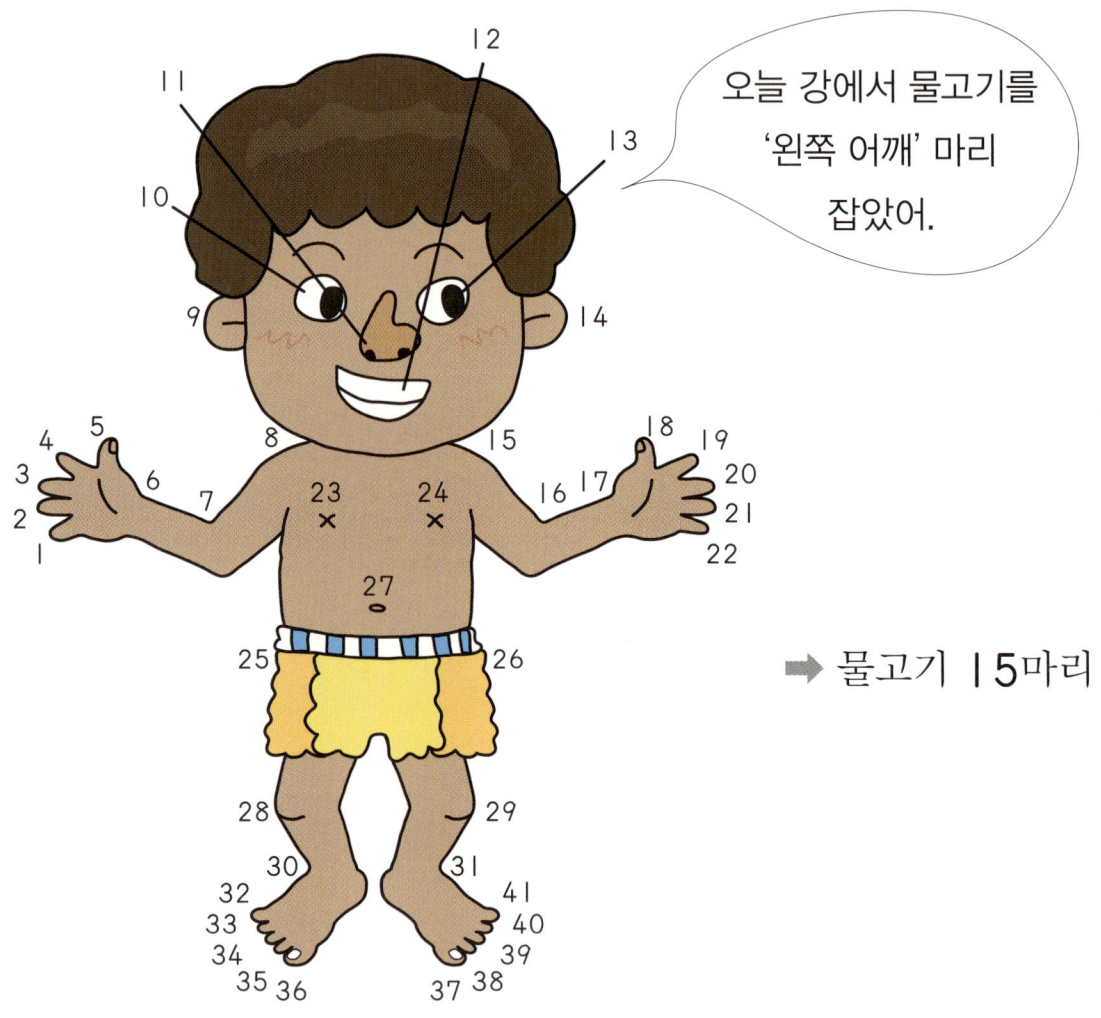

오늘 강에서 물고기를 '왼쪽 어깨' 마리 잡았어.

➡ 물고기 15마리

❶ 우리 가족은 모두 '오른쪽 팔꿈치'명이야. ➡ 우리 가족 ☐ 명

❷ 우리 형은 올해 10살이야. ➡ 형의 나이 '☐'살

[바빌로니아 수]

2 고대 바빌로니아의 한 농부가 죽기 전 자식들에게 유언을 남겼습니다. 유언
장의 빈칸에 알맞은 수를 써넣으시오.

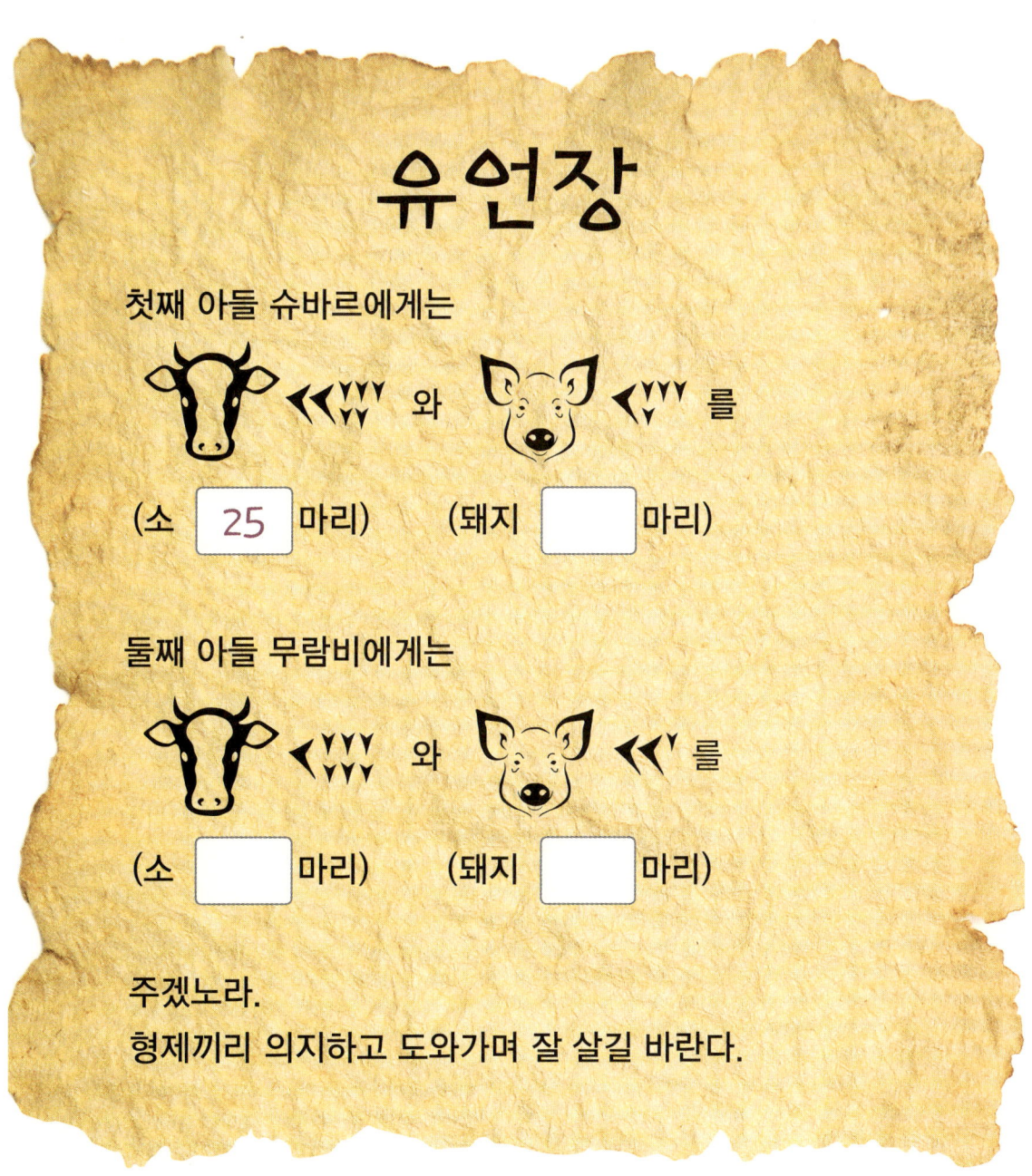

[이집트 수]

3 이집트의 세 왕의 피라미드 높이가 이집트 수로 기록되어 있습니다. 아라비아 수로 나타내어 보시오.

[수메르 수]

4 수메르 사람들은 진흙으로 빚은 계산패로 수를 나타내고, 진흙공에 담아 보
관했습니다. 진흙공 안에 있는 계산패를 보고, 빈칸에 알맞은 수를 써넣으
시오.

$$\boxed{60} + \boxed{30} + \boxed{2}$$

$$= \boxed{}$$

$$\boxed{} + \boxed{} + \boxed{}$$

$$= \boxed{}$$

고대의 수 만들기

주사위를 던져 나온 수를 바빌로니아 수와 이집트 수로 나타내어 봅시다.

게임 방법

1 정사면체 주사위 **2**개를 동시에 던집니다. 빨간 주사위의 수를 십의 자리, 파란 주사위의 수를 일의 자리에 써서 두 자리 수를 만듭니다.

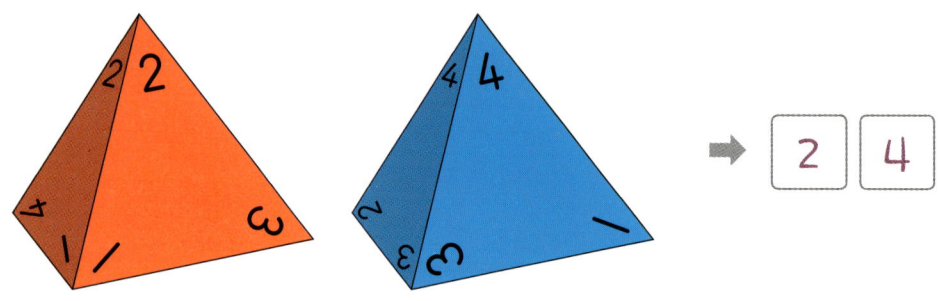

2 두 자리 수를 바빌로니아 수와 이집트 수로 나타냅니다.

바빌로니아 수

이집트 수

놀이판

바빌로니아 수

이집트 수

바빌로니아 수

이집트 수

바빌로니아 수

이집트 수

로마 수로 만든 시계

수학 박물관의 시계에 쓰여 있는 고대 로마 수는 당시 로마에서 사용하던 알 파벳으로 만들어진 수입니다.

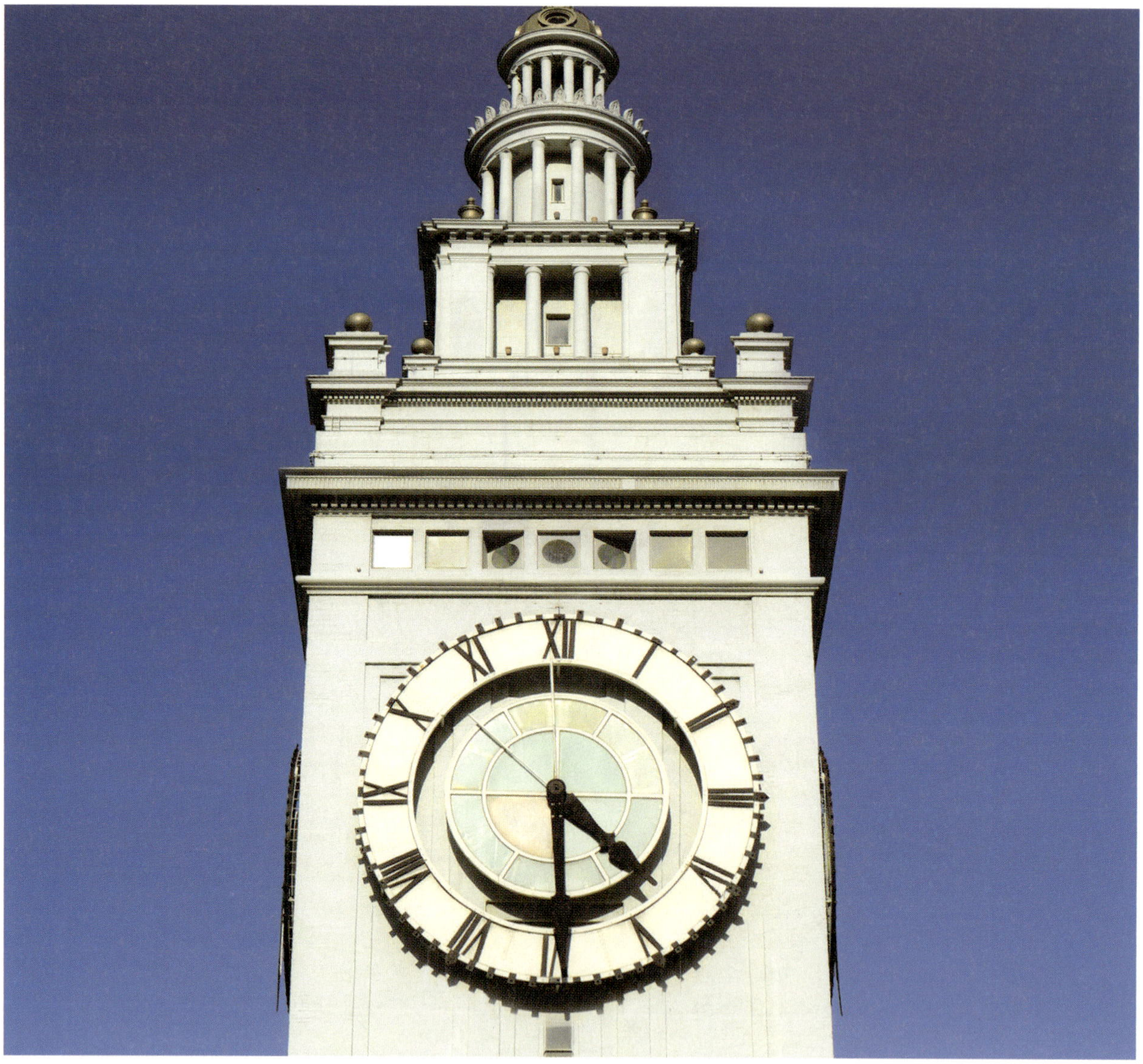

규칙을 찾아 빈칸에 알맞은 로마 수 또는 아라비아 수를 써넣으시오.

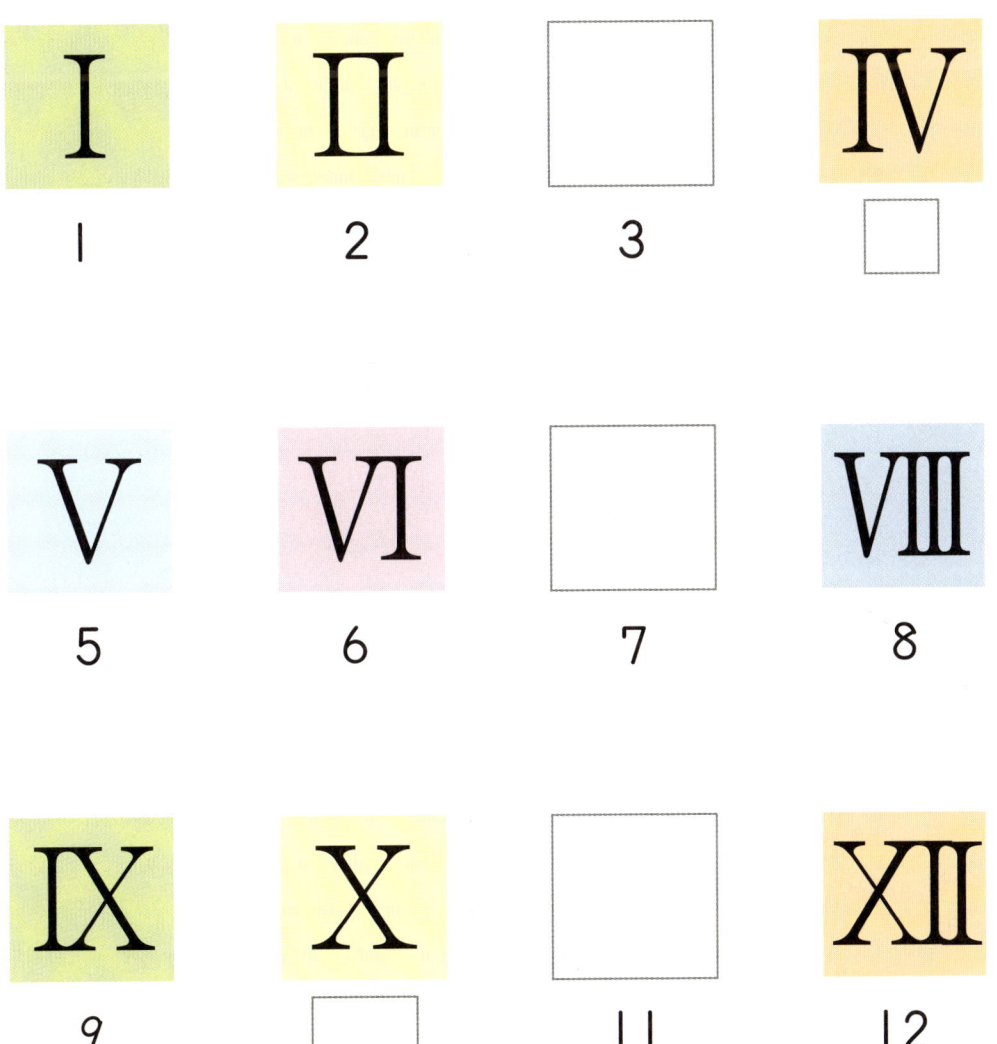

산가지 수

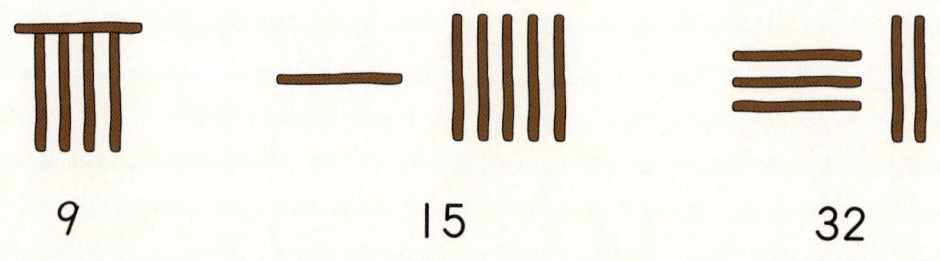

9   15   32

- 산가지 수는 나무 막대를 가로, 세로로 배열하여 수를 나타냅니다.

- 일의 자리 수는 세로로, 십의 자리 수는 가로로 놓습니다.

- 백의 자리 수는 다시 세로로 놓습니다.

- 산가지로 나타낸 숫자는 위치에 따라 다른 수를 나타냅니다.

 727

1 산가지로 수를 나타낸 표입니다. 규칙을 찾아 빈칸에 알맞은 산가지를 그려 보시오.

Ⅰ	Ⅱ	Ⅲ		ⅢⅡ	Ⅰ	Ⅱ		Ⅲ
1	2	3	4	5	6	7	8	9

一		=	≡	≣	⊥	⊥		≛
10	20	30	40	50	60	70	80	90

2 산가지로 나타낸 수를 아라비아 수로 나타내어 보시오.

3 아라비아 수로 나타낸 수를 산가지 수로 나타내어 보시오.

① 267

② 619

9   15   17

- 마야의 수는 ●와 ━━, 두 기호만을 사용하여 수를 나타냅니다.
- ●은 1을 나타내고, ━━은 5를 나타냅니다.
- 숫자 0을 사용하며, ◁▷로 나타냅니다.

1 규칙을 찾아 빈칸에 알맞은 마야 수를 써넣으시오.

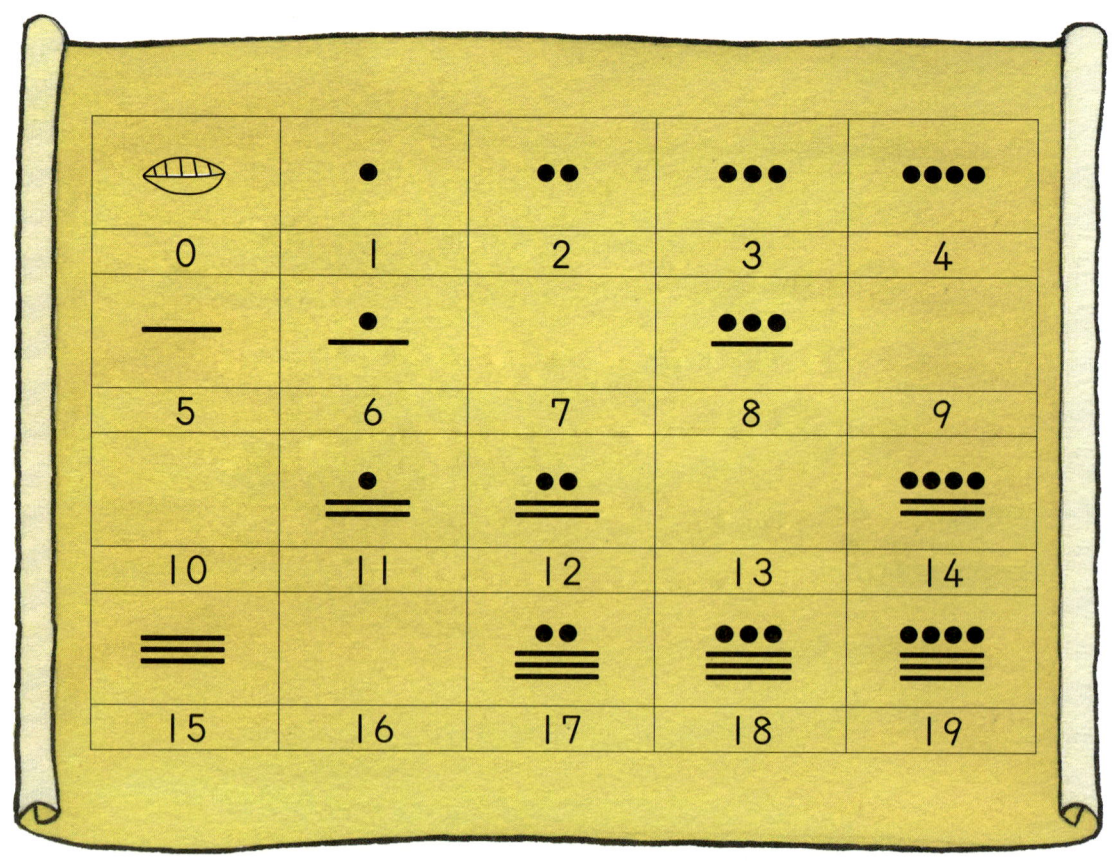

2 빈칸에 알맞은 마야 수를 써넣으시오.

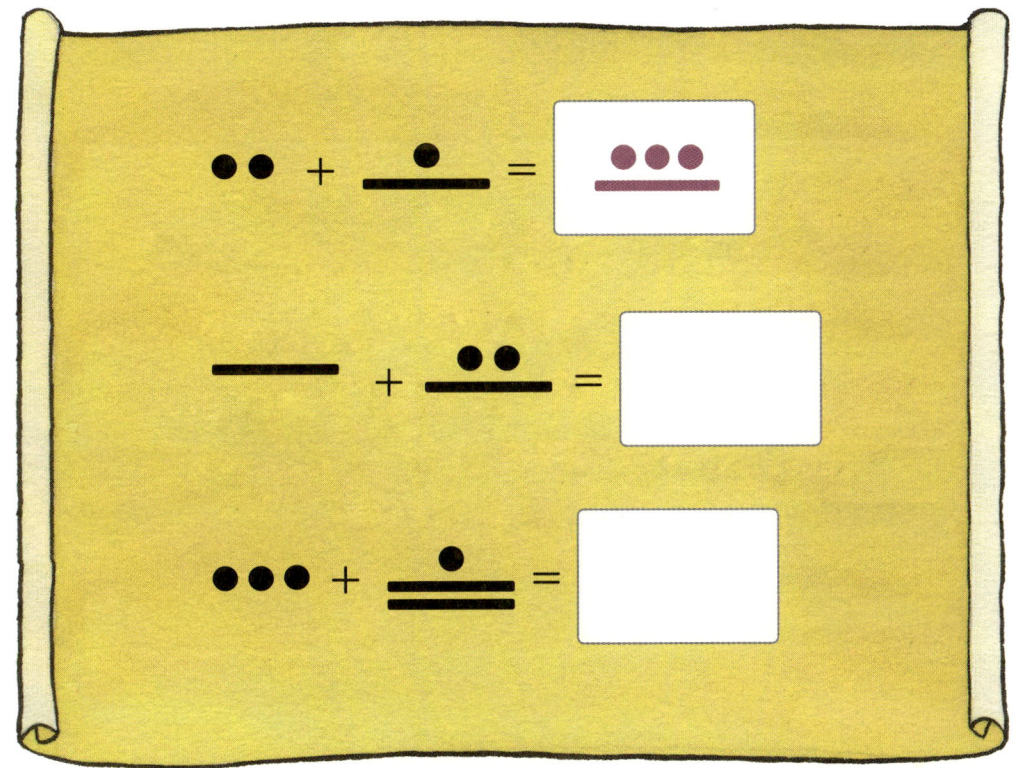

3 마야 수에서 20, 21, 25는 다음과 같습니다.

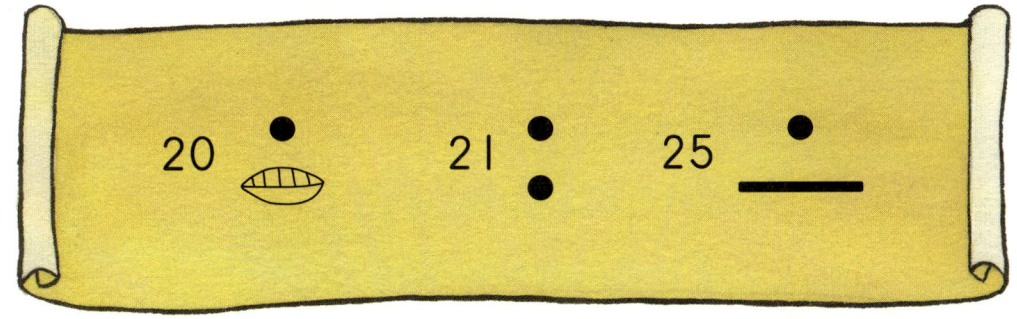

규칙을 찾아 마야 수로 24와 26을 나타내어 보시오.

[상인의 장부]

1 고구려 상인의 부채 판매 장부입니다. 어제와 오늘 이틀 동안 부채를 각각 몇 개씩 팔았는지 아라비아 수로 나타내어 보시오.

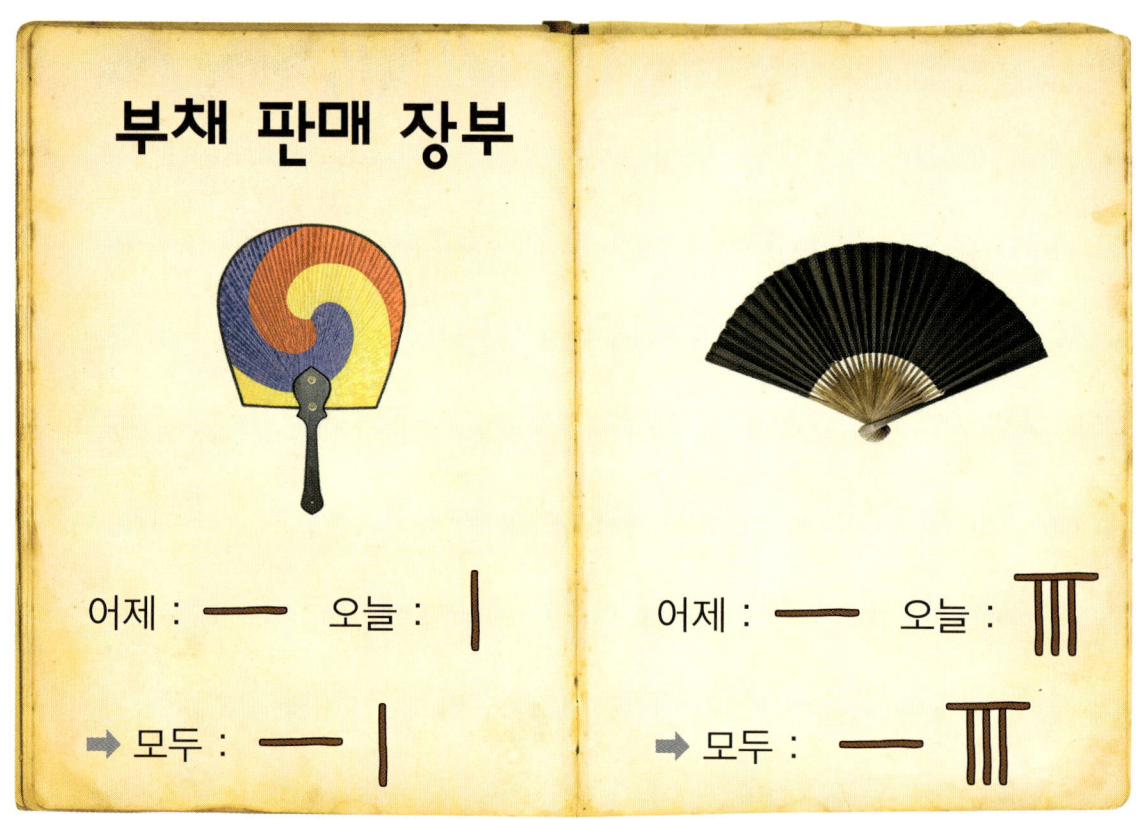

	어제	오늘	모두
🪭	10		
🪭		8	

Tip

━은 10을, │은 1을 나타냅니다.

2 기원전 200년경 고대 스위스 사람들이 사용하던 스위스 수입니다. 스위스 농부의 가축은 모두 몇 마리였는지 아라비아 수로 나타내어 보시오.

─	┠	✚	Ҝ	✳
1	5	10	50	100

Ҝ✚┠───	✳✚─	Ҝ✚✚┠
50+10+5+1+1 = 67		

[중국의 수]

3 중국의 한 유적지에서 치나족의 족장을 뽑았던 흔적을 찾았습니다. 수 세는 방법이 2가지로 기록되었고, 족장의 이름은 돌이 깨져서 보이지 않습니다. 두 사람이 받은 표의 수를 쓰고 당선된 족장의 이름에 ◯표 하시오.

초 하오 : ☐ 표

쏜 부어 : ☐ 표

치나족의 **92**대 족장은 (초 하오 / 쏜 부어)입니다.

4 기원전 3000년경 바빌로니아 사람들은 주판을 발명했습니다. 주판은 알을 위아래로 움직여 수를 나타내고 계산할 수 있는 도구입니다. 주판으로 수를 나타내는 규칙을 찾고, 주판에 놓인 수를 빈칸에 써넣으시오.

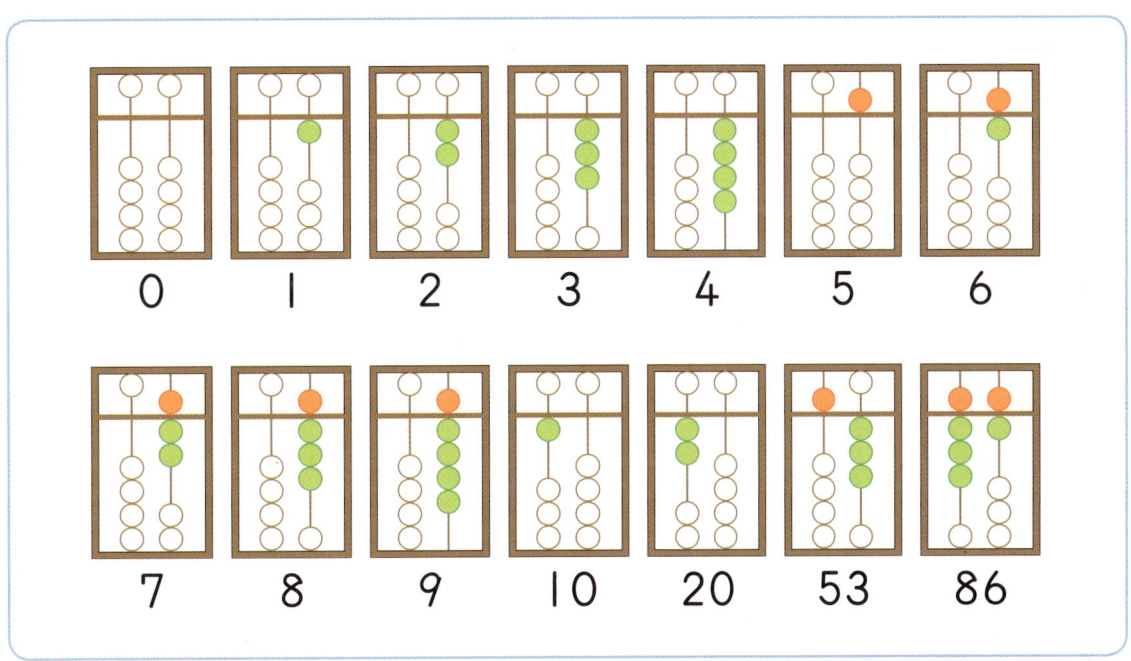

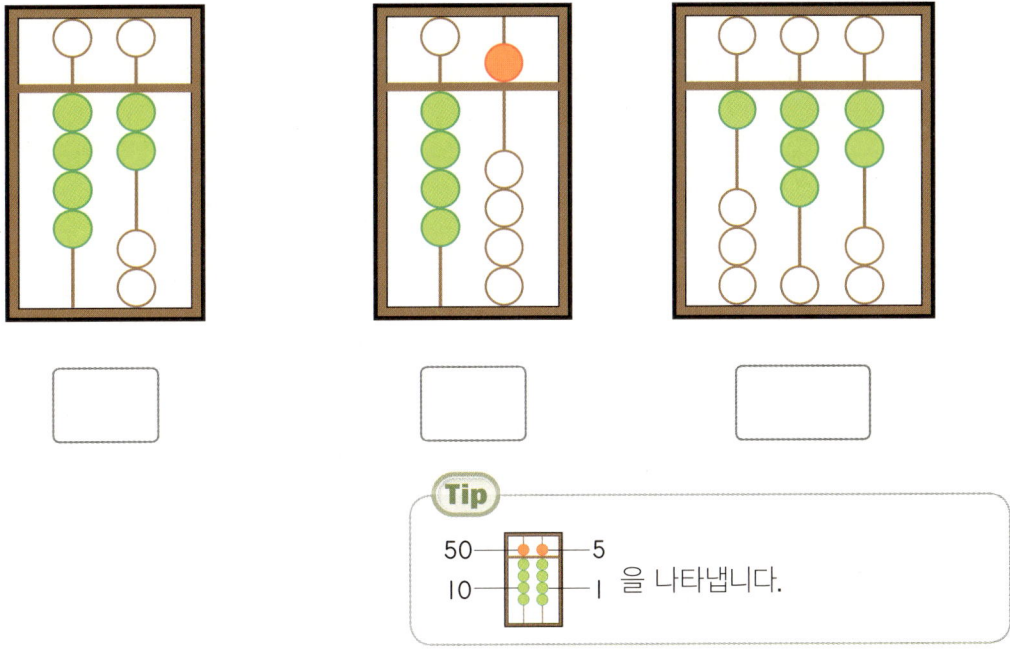

Tip

50 ─── 5
10 ─── 1   을 나타냅니다.

옛날 계산기, 주판

전자 계산기가 없던 과거에 주판은 덧셈, 뺄셈, 곱셈, 나눗셈을 빠르고 간단하게 계산할 수 있는 완벽한 도구였습니다.

▲ 주판이 달린 서랍
장사를 하는 상인들을 위해 돈을 보관하는 서랍 위에 주판을 달아 만들었어요.

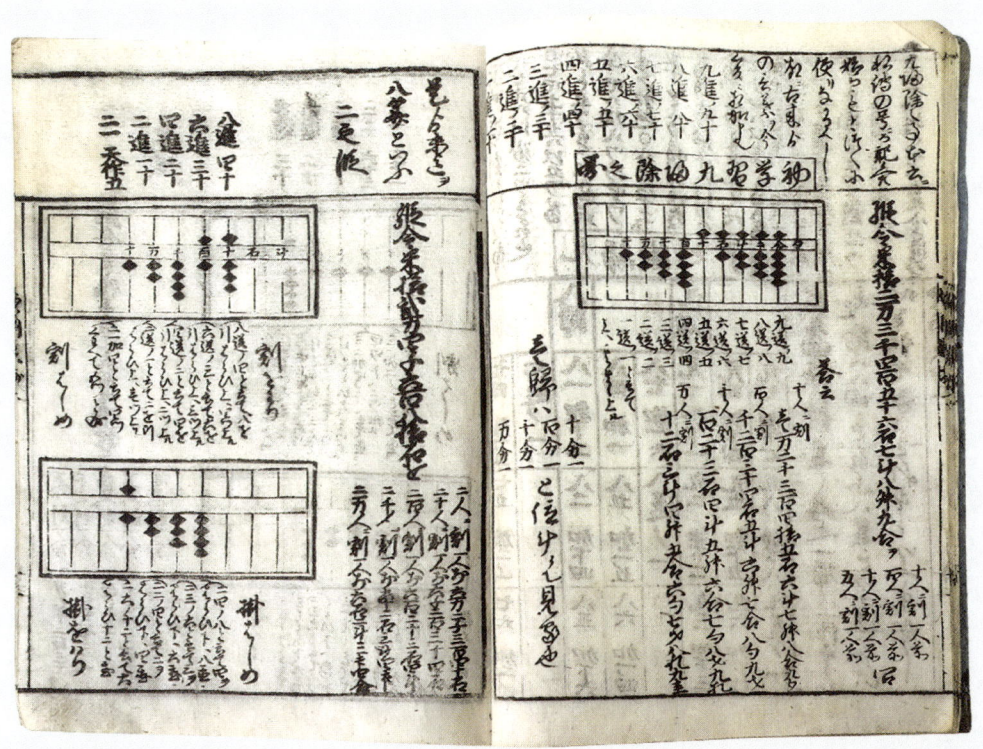

주판의 편리함이 알려지고, 주판을 사용하는 사람들도 많아졌습니다. 그래서 옛날에도 책을 통해 주판의 사용법을 알리고, 공부할 수 있도록 했습니다.

수학박물관 II

밧줄과 저울

옛날에도 양팔 저울로 무게를 비교했어요.

땅의 넓이를 알아야 세금을 거둘 수 있습

땅이 넓을수록 곡식을 많이 수확할 수 있습니다. 그래서 세금을 거둘 때 땅의 넓이를 아는 것은 아주 중요했습니다.

옛날에는 그림과 같이 밧줄을 일정한 간격으로 매듭짓고 땅 주변을 둘러싼 다음 넓이를 측정했다고 합니다.

"식사하고 하세요."

"여기 선물도 있습니다. 잘 부탁합니다."

전자저울이 나오기 전에는
무게를 어떻게 알 수 있었을까요?

놀이터에서 친구와 시소를 타면, 누구의 몸무게가 더 무거운지 알 수 있습니다. 시소와 마찬가지로 양팔 저울과 추를 이용하면 물건의 무게를 알 수 있습니다.

100년이 넘은 오래된 저울을 감상해 봅시다.

▲ 양팔 저울과 추(1909년)
여러 가지 무게의 추와 물건을 양팔 저울에 올려 물건의 무게를 잽니다.

▲ 달걀의 무게를 재는 저울 (1924년)
달걀을 무게에 따라 분류할 수 있습니다.

◀ 식품의 무게를 재는 저울 (1915년)
그릇 모양의 저울은 물건을 올리기 편리합니다.

밧줄로 크기 재기

길이가 6헤드인 밧줄과 8헤드인 밧줄이 있습니다. 밧줄로 만든 사각형의 크기를 각각 비교하여 바른 것에 ○표 해 봅시다.

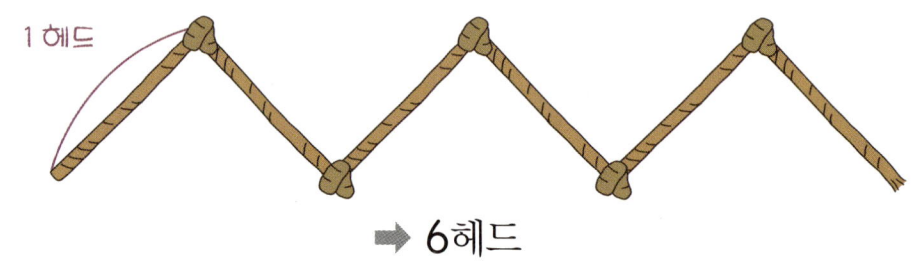

➡ 6헤드

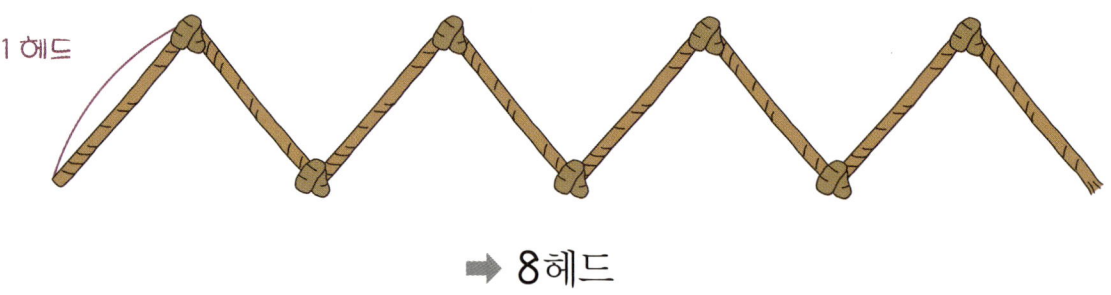

➡ 8헤드

둘레가 6헤드인 사각형

➡ 크기가 (같다 , 다르다)

둘레가 8헤드인 사각형

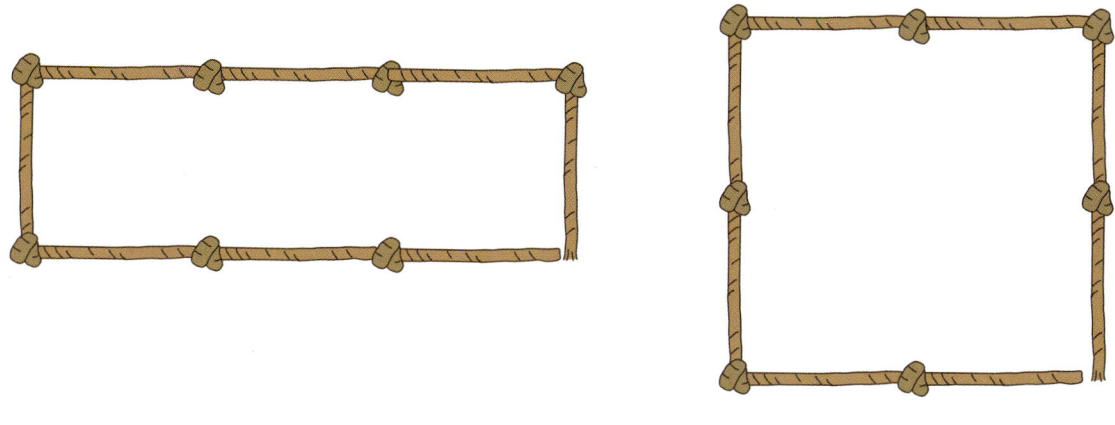

➡ 크기가 (같다 , 다르다)

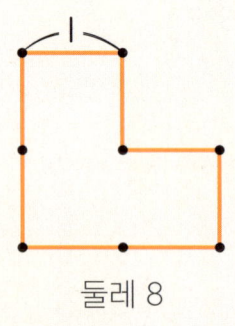

둘레 8

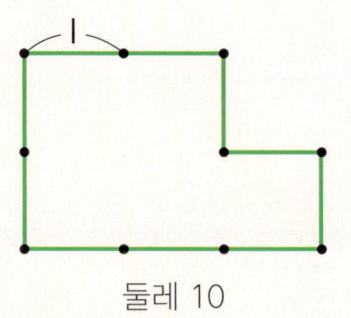

둘레 10

- 모양의 가장자리를 따라 한 번 도는 길이를 **둘레**라고 합니다.

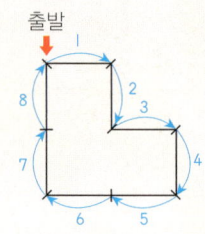

- 출발점을 정하여 선분의 개수를 세면 둘레를 알 수 있습니다.

1 여러 가지 모양의 둘레를 구하시오.

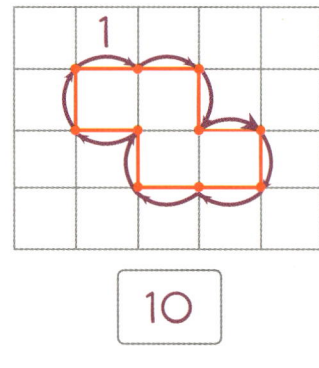

10

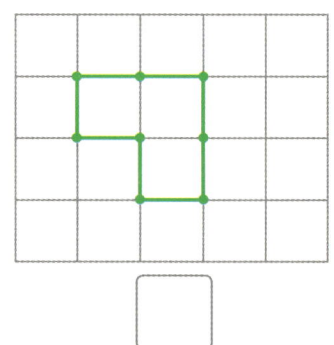

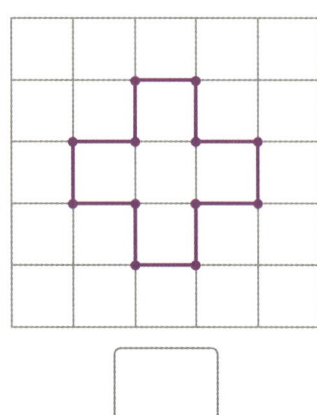

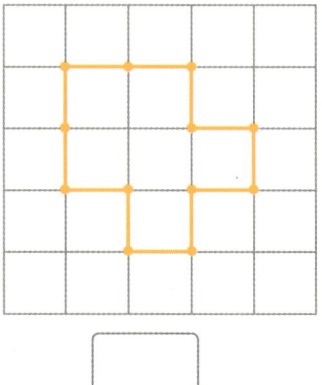

2 둘레가 같은 것끼리 선으로 이어 보시오.

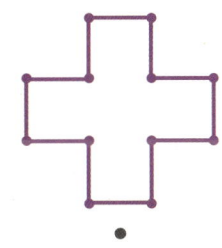

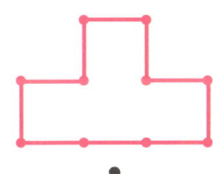

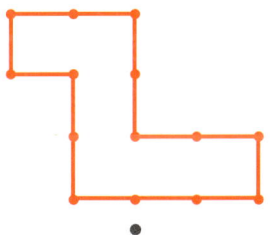

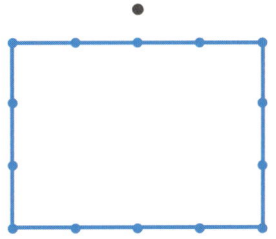

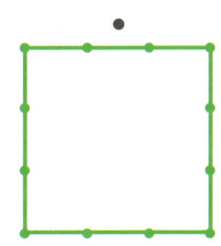

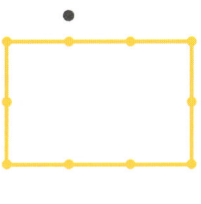

3 둘레가 18인 서로 다른 모양 2개를 그려 보시오.

넓이

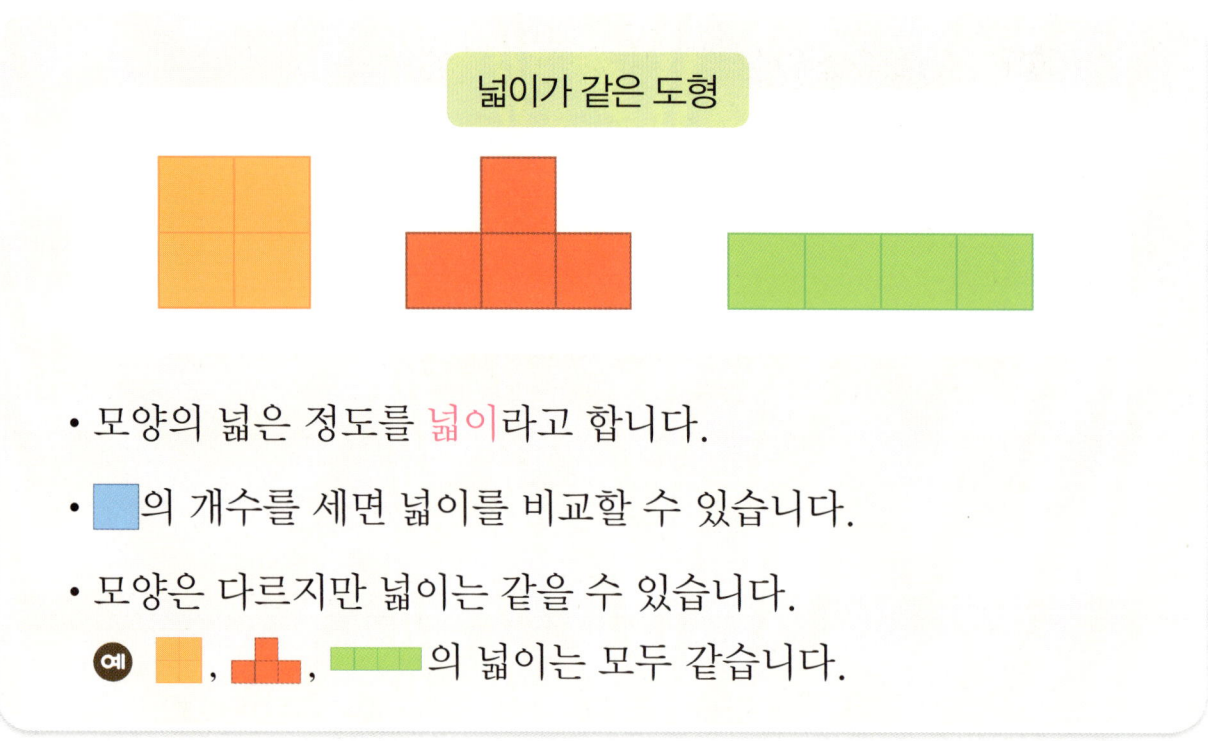

넓이가 같은 도형

- 모양의 넓은 정도를 넓이라고 합니다.
- ■의 개수를 세면 넓이를 비교할 수 있습니다.
- 모양은 다르지만 넓이는 같을 수 있습니다.
  예 ■, ⬛, ▬의 넓이는 모두 같습니다.

1 땅의 넓이를 구하기 위해 땅을 사각형으로 나누었습니다. 사각형의 개수를 세어 땅의 넓이를 구하시오.

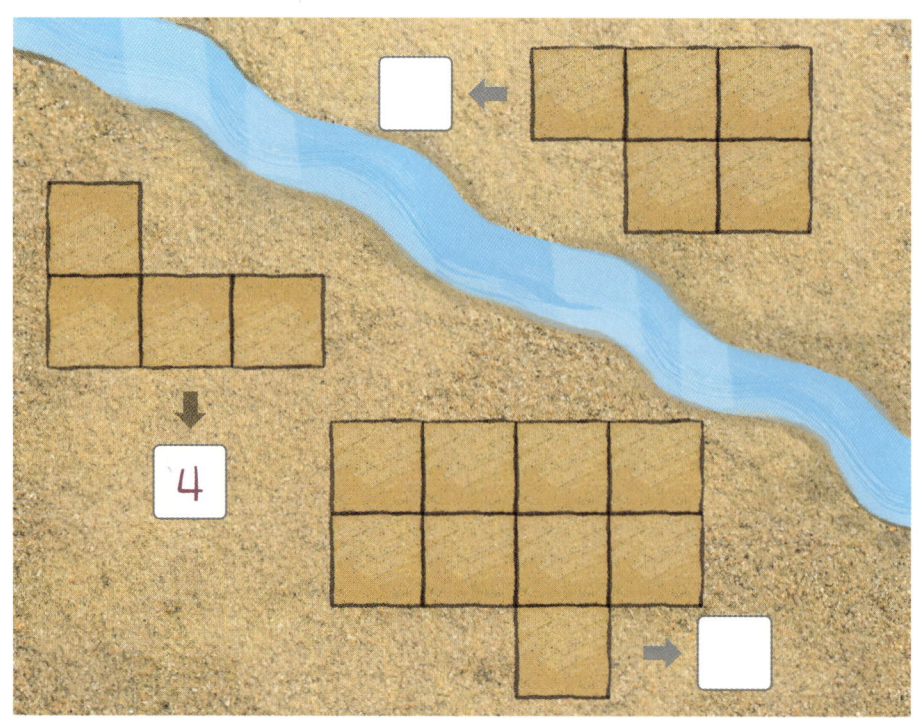

4

2 사각형 5개를 붙여 넓이가 5인 서로 다른 모양 3개를 그려 보시오.

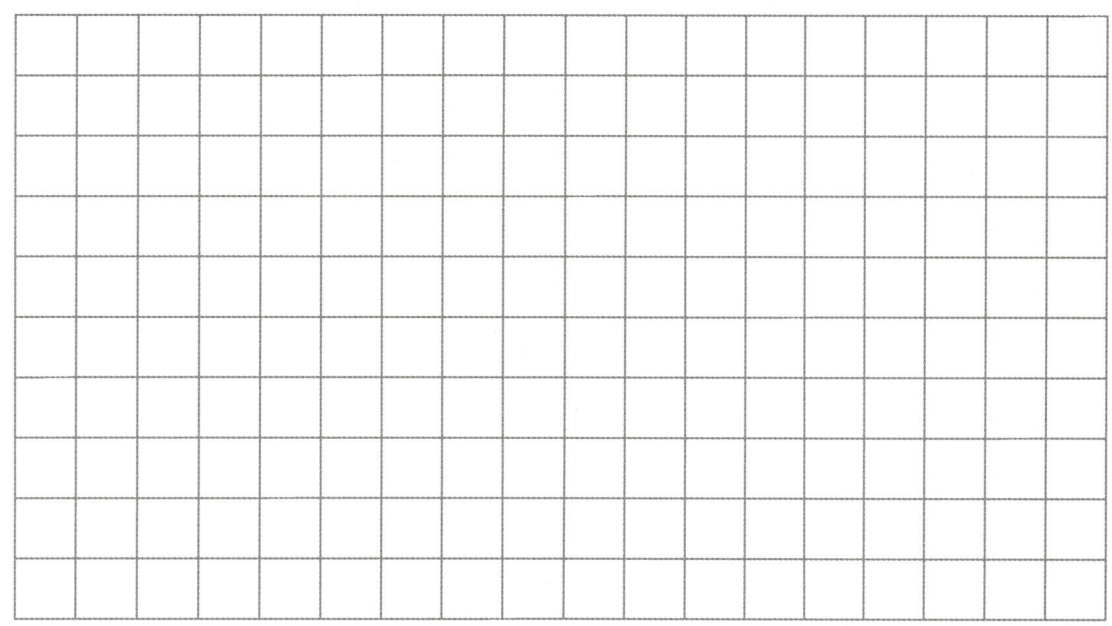

3 왼쪽 모양과 넓이가 같은 다른 모양을 그려 보시오.

❶

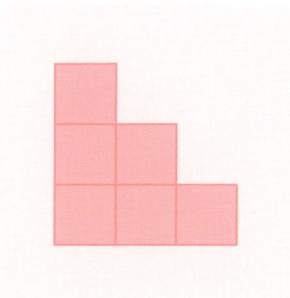

❷

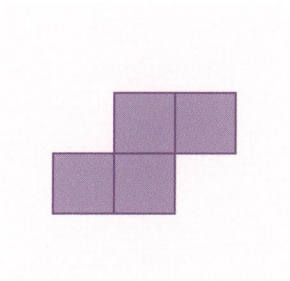

[피라미드]

1 피라미드의 옆면은 삼각형, 밑면은 사각형입니다. 밧줄로 피라미드의 옆면
과 밑면을 그렸습니다. 각각의 둘레를 구하시오.

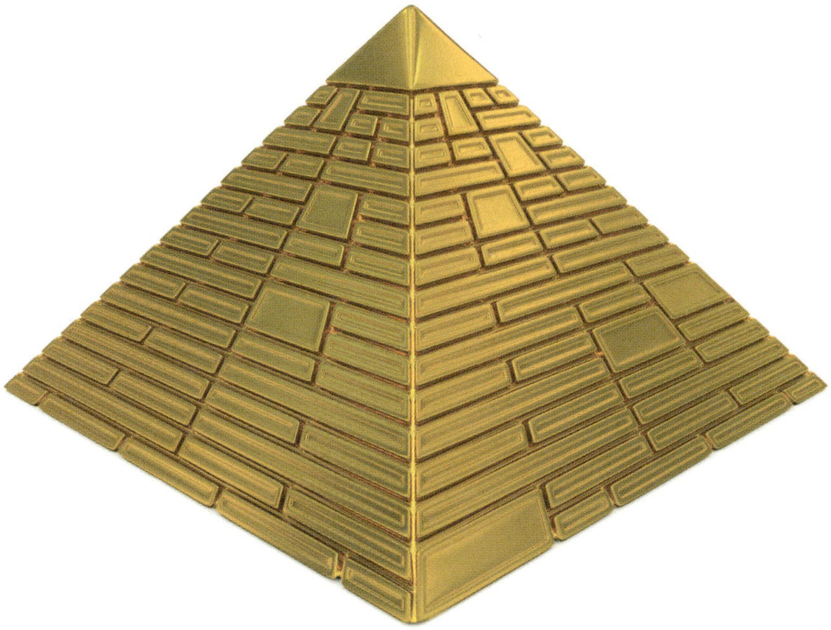

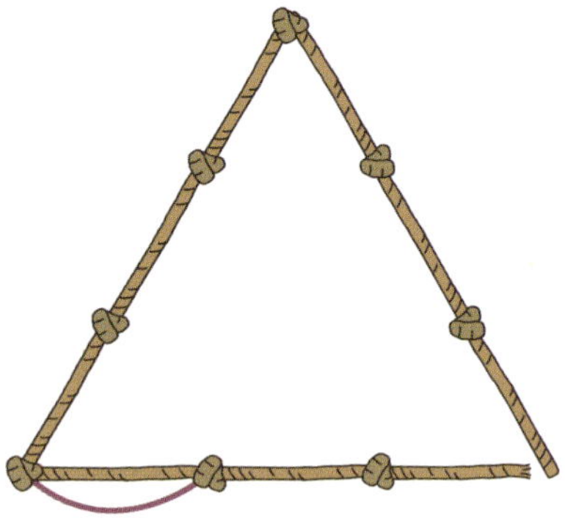

1 헤드

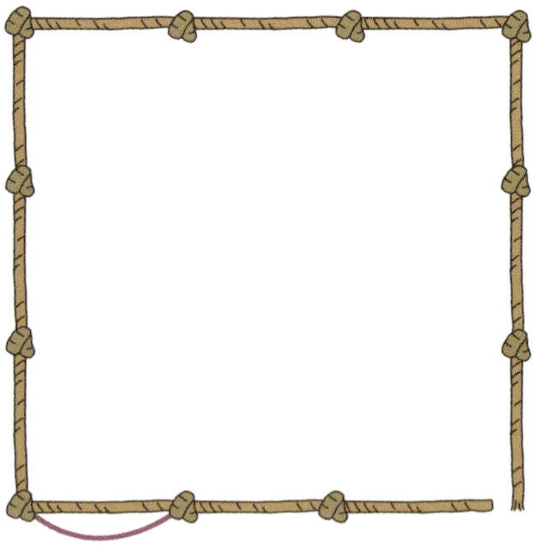

1 헤드

☐ 헤드

☐ 헤드

[가장 넓은 땅]

2 작은 사각형 한 개의 넓이를 |이라고 합니다. 작은 사각형의 개수를 세어 가장 넓은 땅의 넓이를 구하시오.

➡ 가장 넓은 땅의 넓이는 ☐ 입니다.

[여러 모양의 둘레]

3 다음은 사각형 5개를 붙여 만든 모양입니다. ⊤ 모양의 둘레가 12일 때, 각 모양의 둘레를 구하시오.

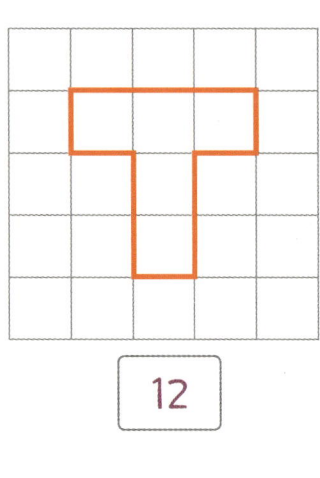

12

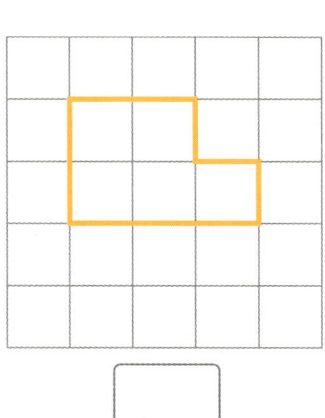

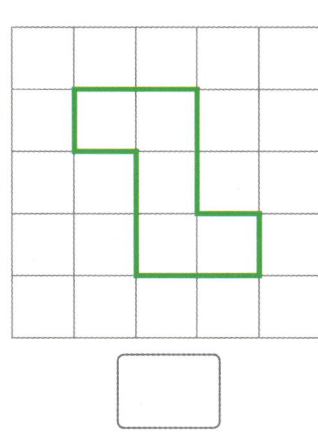

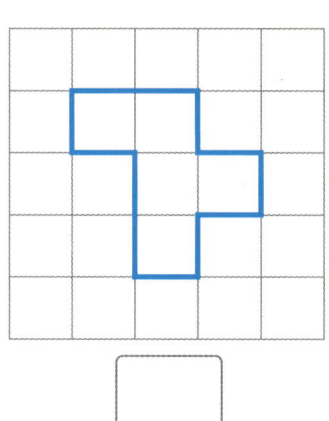

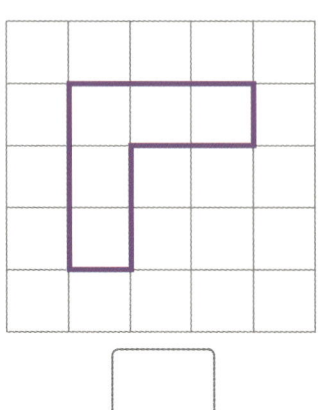

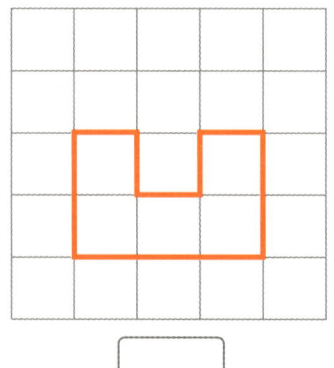

[둘레가 12인 모양]

4 보기 는 넓이가 4인 땅 위에 둘레가 8인 모양을 만든 것입니다. 넓이가 9인 땅 위에 둘레가 12인 여러 가지 모양을 그려 보시오.

보기

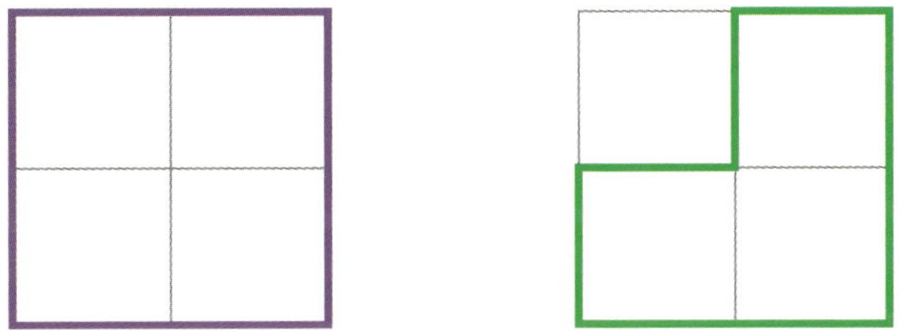

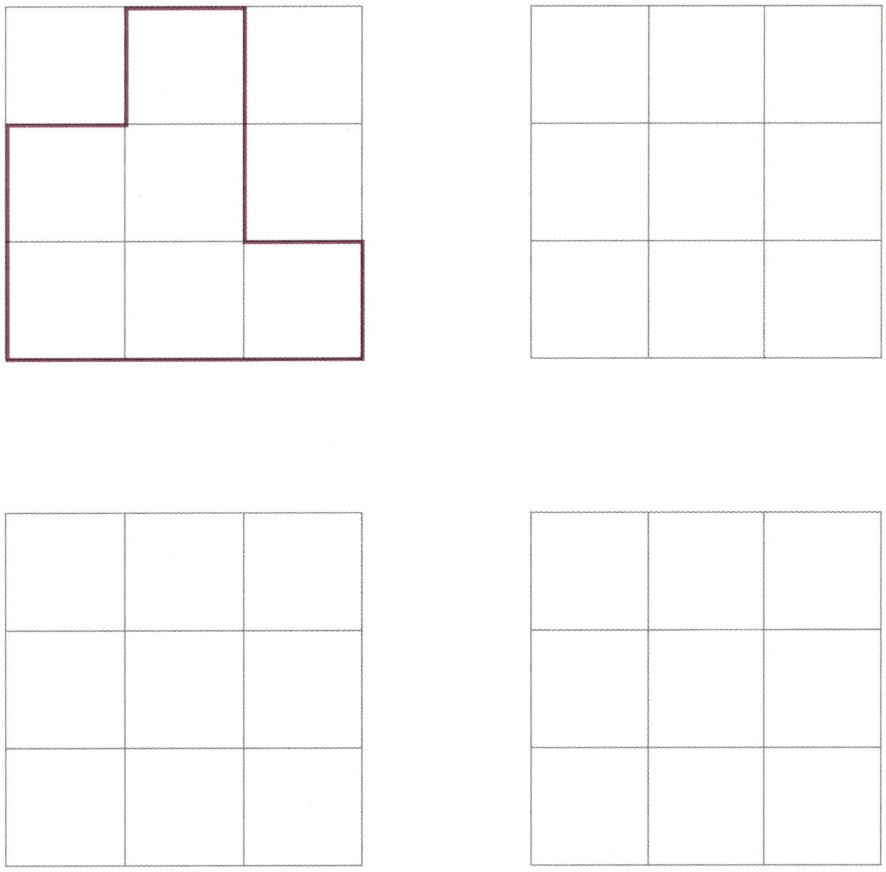

땅 가르기 게임

한 칸씩 선을 그어 땅을 가른 다음 더 넓은 땅을 가진 사람이 이기는 땅 가르기 게임을 해 봅시다.

게임 방법

① 왼쪽과 오른쪽 중 자신의 위치를 정합니다. 가위바위보를 해서 이긴 사람이 빨간색 점 중 한 점에서 먼저 시작하고, 번갈아가며 한 칸씩 선을 긋습니다.

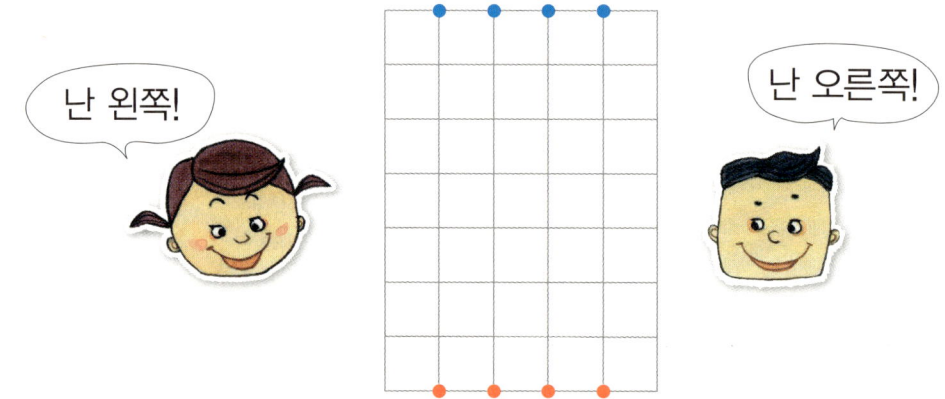

② 파란색 점 중 한 점에 도착하면 게임이 끝납니다. 선을 기준으로 왼쪽과 오른쪽의 넓이를 비교하여 넓이가 더 큰 사람이 이깁니다.

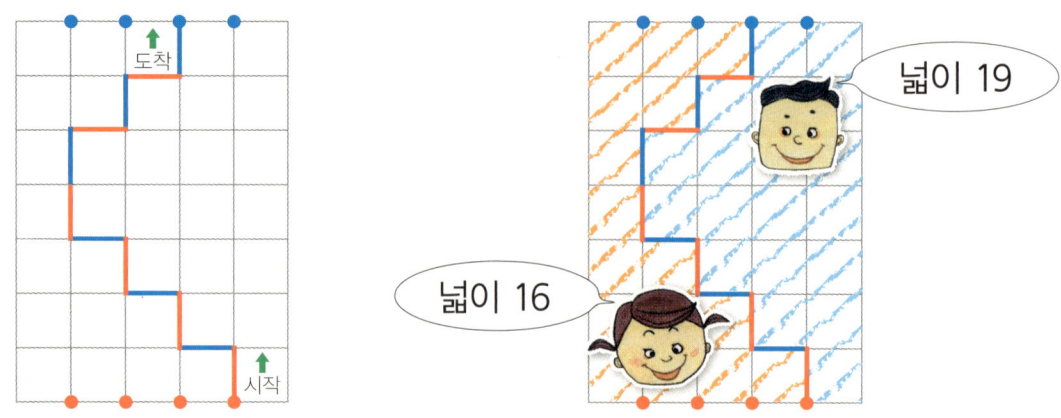

놀이판

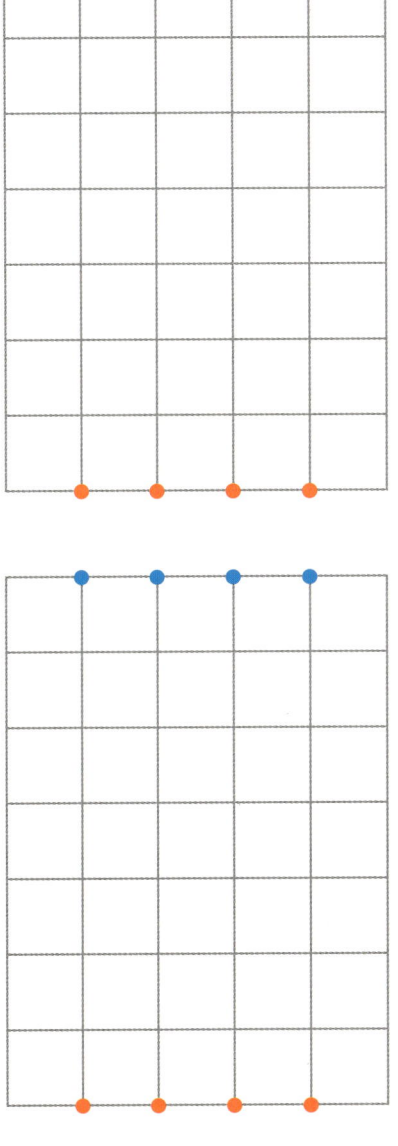

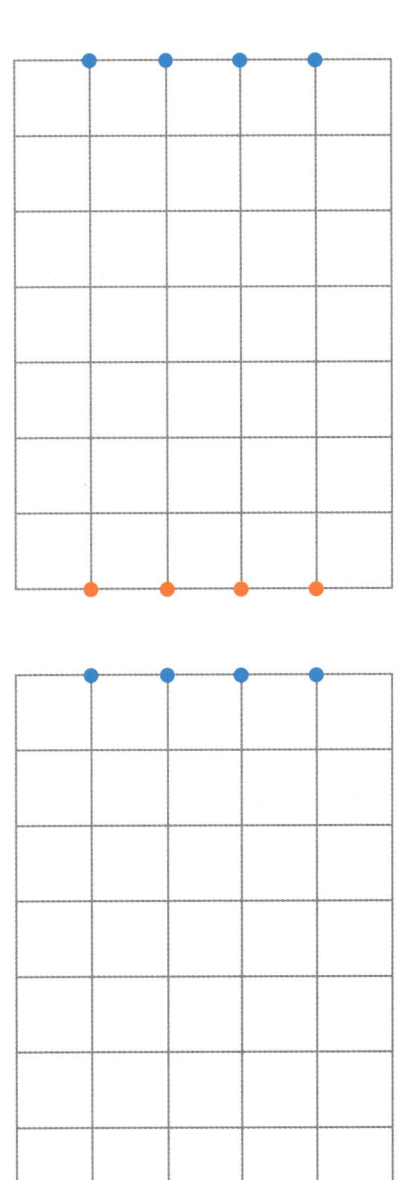

! 주의사항

왼쪽과 오른쪽 끝의 세로줄에는 선을 그을 수 없습니다.

저울로 무게 재기

피보나치의 아버지는 이탈리아의 상인이었습니다. 당시 이탈리아에서는 양팔 저울의 한쪽에는 손님이 원하는 무게의 추를 올리고, 다른 한쪽에는 쌀을 올려 무게를 달아 장사를 했습니다. 어느 날 손님이 쌀을 사러 왔습니다. 피보나치의 아버지가 가지고 있는 추의 무게는 1, 2, 3 세 종류인데, 어떻게 하면 좋을까요?

쌀을 5만큼 주세요.

5라니……
우리 집엔 1, 2, 3짜리
추밖에 없는데……

다음은 5만큼의 쌀을 재는 여러 가지 방법입니다. 어떤 방법이 가장 좋은지 이야기해 봅시다.

1 무게가 1인 추로 쌀을 5번 달아 잽니다.

2 무게가 1, 2인 추로 무게가 3인 쌀을 달고, 다시 2인 추로 무게가 2인 쌀을 달아 더합니다.

한 번에 5를 잴 수 있어!

3 무게가 2, 3인 추로 무게가 5인 쌀을 한번에 달아 잽니다.

- 물건의 무게를 잴 때, 저울을 사용합니다.

- 저울이 기울지 않고 평평한 상태를 수평이라고 합니다.

- 저울이 수평일 때, 저울 양쪽의 무게는 서로 같습니다.

1 다음 중 수평을 이루는 저울을 모두 고르시오.

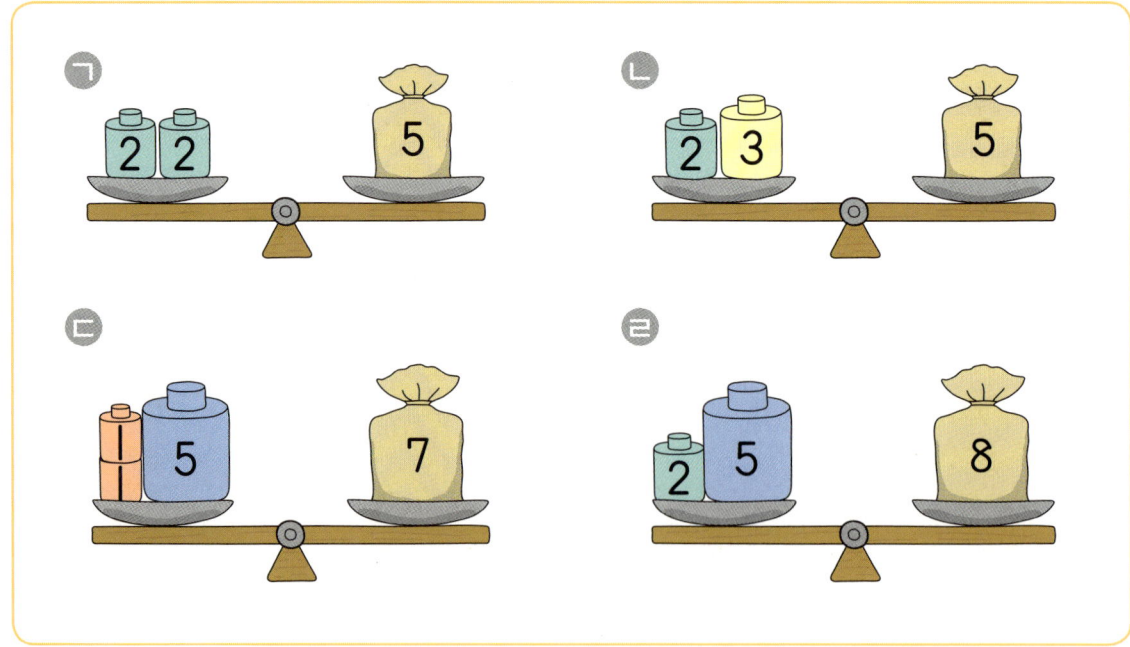

2 저울이 수평을 이루고 있습니다. 빈칸에 알맞은 무게를 쓰시오.

3 무게가 1, 2, 3, 4인 추가 한 개씩 있습니다. 저울이 수평이 되도록 추를 올리는 서로 다른 방법을 찾아 쓰시오.

$$1 + \square = 3, \quad \square = 2$$

- 저울이 수평일 때, 양쪽의 무게를 식으로 나타낼 수 있습니다.
- 모르는 수를 $\square$로 나타내어 식을 만들면 $\square$의 값을 쉽게 구할 수 있습니다.

1 다음 중 저울을 $\square$를 사용한 식으로 바르게 나타낸 것을 고르시오.

ㄱ $3 + \square = 2$ ㄴ $\square = 2 + 3$

ㄷ $2 + \square = 3$ ㄹ $2 + 1 = \square$

2 물건의 무게를 □로 나타내어 식을 만들어 보시오.

식 _____

식 _____

3 모르는 추의 무게를 □로 나타내어 식을 만들고, □의 값을 구하시오.

식  □+5=6
_____

답 □= _____

식 _____

답 □= _____

식 _____

답 □= _____

[쌀의 무게]

1 피보나치는 아버지가 남겨놓은 메모를 보았습니다. 저울의 빈 곳에 알맞은 추를 그려 보시오.

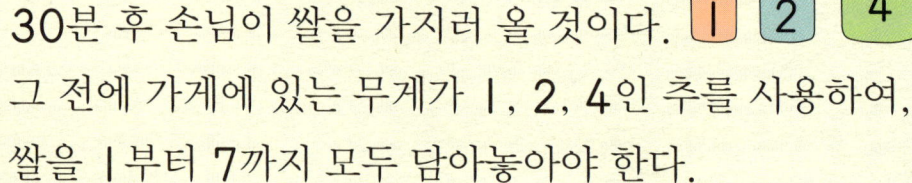

내 아들 피보나치에게

30분 후 손님이 쌀을 가지러 올 것이다.
그 전에 가게에 있는 무게가 1, 2, 4인 추를 사용하여,
쌀을 1부터 7까지 모두 담아놓아야 한다.
1, 2, 4의 무게는 금방 잴 수 있으니,
3, 5, 6, 7만 무게를 재어 봉지에 담아두거라.
시간이 얼마 없으니 각각 한 번에 재어 담아야 한다.

2 길이가 1, 3, 9인 벽돌만 사용하여 다양한 길이의 벽돌을 만들 수 있습니다. 길이가 5인 회색 벽돌을 만드는 과정을 보고, 같은 방법으로 다른 길이의 벽돌을 만들어 보시오.

길이가 **5**인 회색 벽돌 만들기

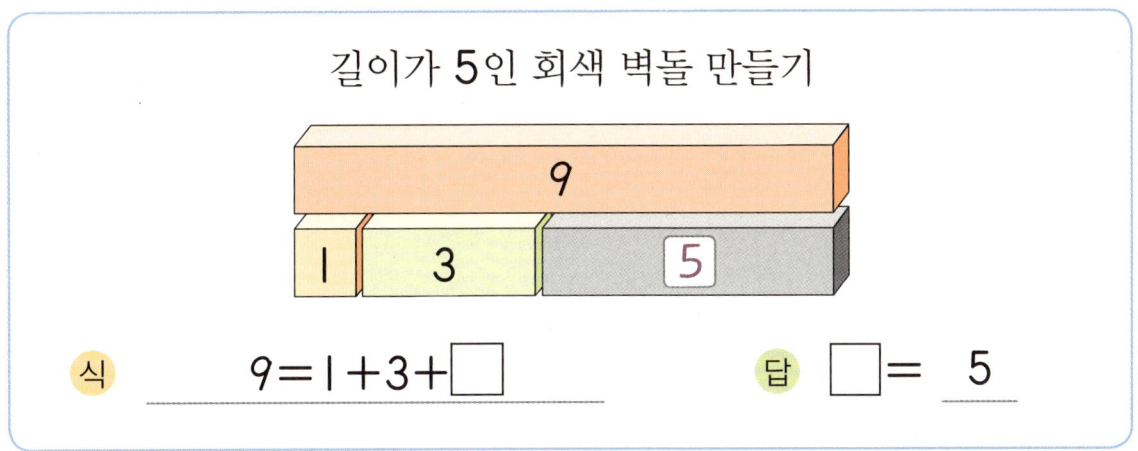

식 _____ 9=1+3+☐ _____   답 ☐= 5

❶ 길이가 ☐ 인 회색 벽돌 만들기

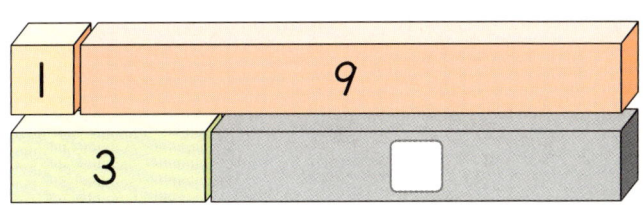

식 _____   답 ☐= _____

❷ 길이가 ☐ 인 회색 벽돌 만들기

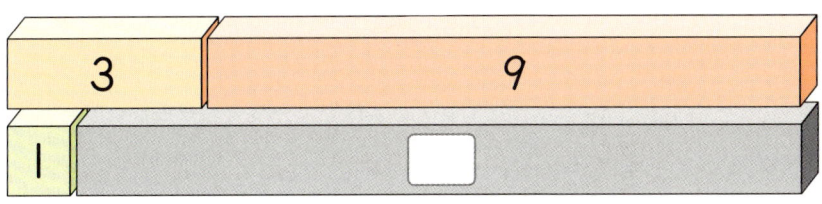

식 _____   답 ☐= _____

[당근의 개수]

3 배추 ┃개와 당근 2개, 닭 ┃마리와 당근 3개를 바꿀 수 있습니다. 그림을 보고, 필요한 당근의 개수만큼 색칠하시오.

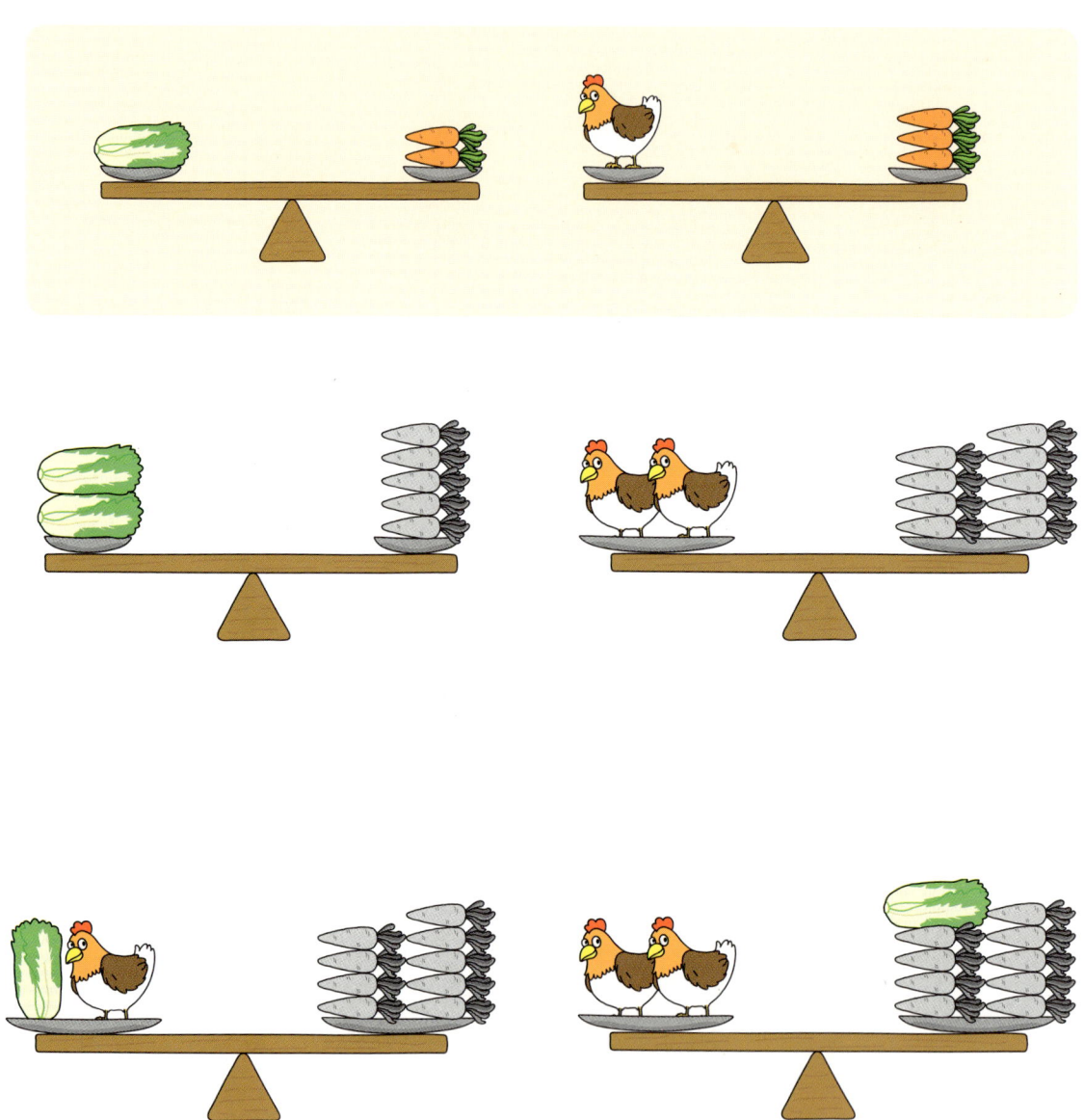

[파피루스]

4 고대 이집트의 수학책 〈파피루스〉에 있는 문제입니다. 돌 한 개의 무게가 Ⅰ일 때, 토끼와 오리의 무게는 다음과 같습니다.

왼쪽 접시에 있는 돌의 개수를 □로 나타내어 식을 만들고, □의 값을 구하시오.

❶ 식 $4+\square=6+2$

답 □ =

❷ 식 _____

답 □ =

옛날 길이 단위

줄자가 없던 옛날 서양에서는 남자 어른의 몸을 사용해 길이를 재고, 그 길이를 단위로 정하였습니다.

yard (야드)
코 끝에서
엄지손가락까지의 길이

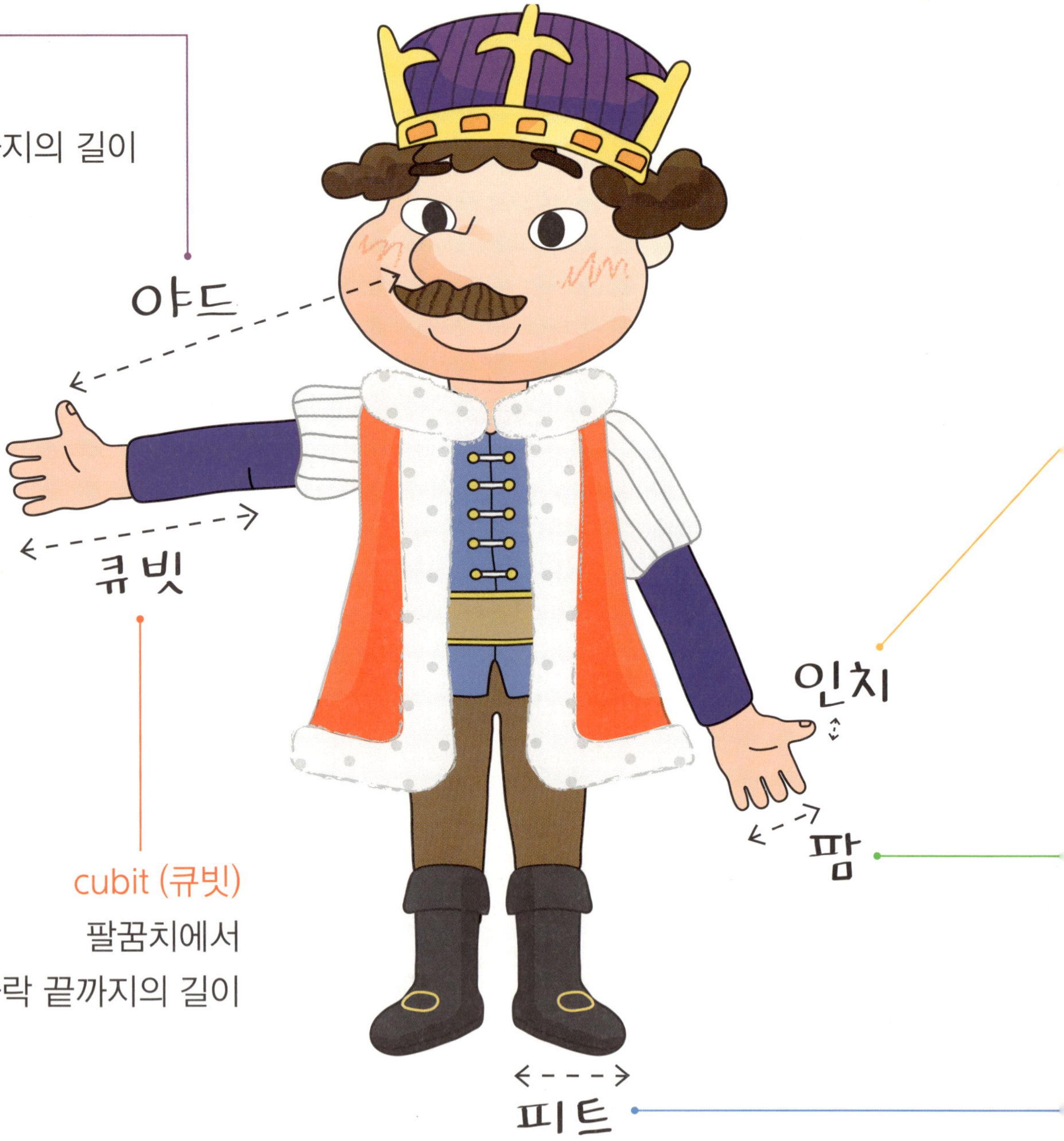

야드

큐빗

인치

팜

cubit (큐빗)
팔꿈치에서
가운뎃손가락 끝까지의 길이

피트

inch (인치)
어른의 엄지손가락 길이

palm (팜)
집게손가락에서
새끼손가락까지의 길이

Q 옛날 우리나라는
어떤 길이 단위를 사용했을까요?

A 옛날 우리 조상들도 길이를 잴 때 몸을 사용하여 만든 길이 단위를 사용했습니다.
'자'는 엄지손가락 끝에서 가운뎃손가락 끝까지의 길이, '뼘'은 손가락을 쫙 펼쳤을 때 엄지손가락에서 새끼손가락까지의 길이, '길'은 똑바로 섰을 때 키의 길이를 말하는 단위입니다.

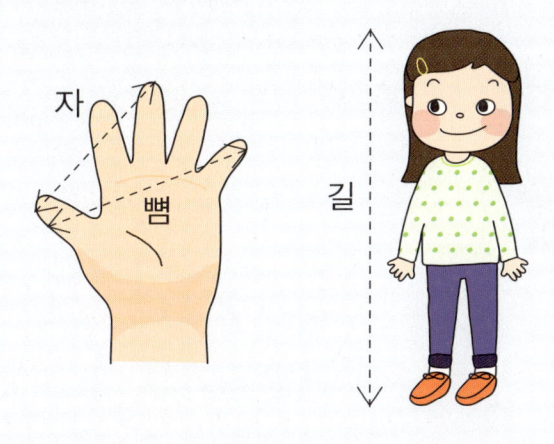

feet (피트)
어른의 발 길이

수학박물관 Ⅲ

암호

복잡한 암호를 만들고, 해독해 주는 기계예요,

비밀을 말할 때는 암호를 사용합니다.

암호에는 암호를 주고 받는 사람들의 비밀이 담겨 있습니다.

특히, 전쟁 중 암호는 중요한 역할을 합니다. 세계대전에서 독일군은 기계를 사용하여 암호를 만들었다고 합니다.

▶ 에니그마 암호
자판을 치면 자동으로 암호를
만들어 주는 기계입니다.

막대에 감고,
원판을 돌려 암호를 만듭니다.

이상한 말이 쓰인 천을 막대에 감아보면 비밀을 알 수 있습니다.

▲ 스키테일 암호

이상한 글자들을 하나하나 원판 위의 글자로 바꾸어 보면 비밀을 알 수 있습니다.

▲ 카이사르 암호

비밀번호

금고는 돈이나 귀중한 물건을 넣어 두는 곳입니다. 잠겨있는 금고를 어떻게 열 수 있을까요?

잠겨있는 현관문을 열거나 컴퓨터를 사용하려면 어떻게 해야 할지 이야기
해 봅시다.

스파르타 암호

암 해 하 호 독 자 →

암	호
해	독
하	자

암호해독하자

• 스파르타 암호는 고대 그리스와의 전쟁에서 스파르타군이 사용한 암호입니다.

• 암호를 원래의 문장으로 바꾸는 것을 해독이라고 합니다.

• 암호를 해독판에 옮겨 쓰면 암호를 해독할 수 있습니다.

1 생활 계획을 스파르타 암호로 나타내었습니다. 해독판에 옮긴 규칙을 찾아 스파르타 암호를 해독해 보시오.

❶ 일 일 나 찍 어 기

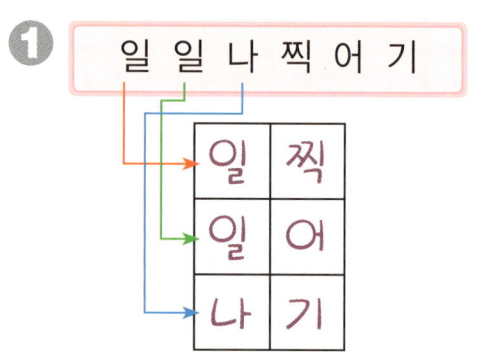

일	찍
일	어
나	기

❷ 정 정 하 리 돈 기

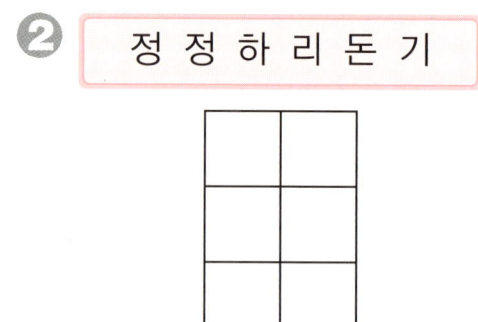

2 해독판을 사용하여 다음 문장을 암호로 나타내시오.

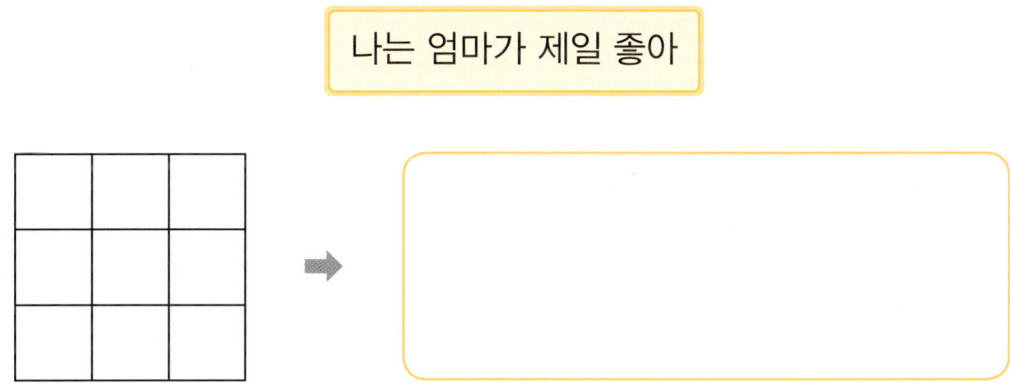

나는 엄마가 제일 좋아

3 스파르타 암호로 친구와 비밀 대화를 주고 받았습니다. 오른쪽 해독판을 이용하여 대화의 내용을 해독하여 보시오.

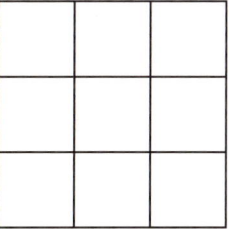

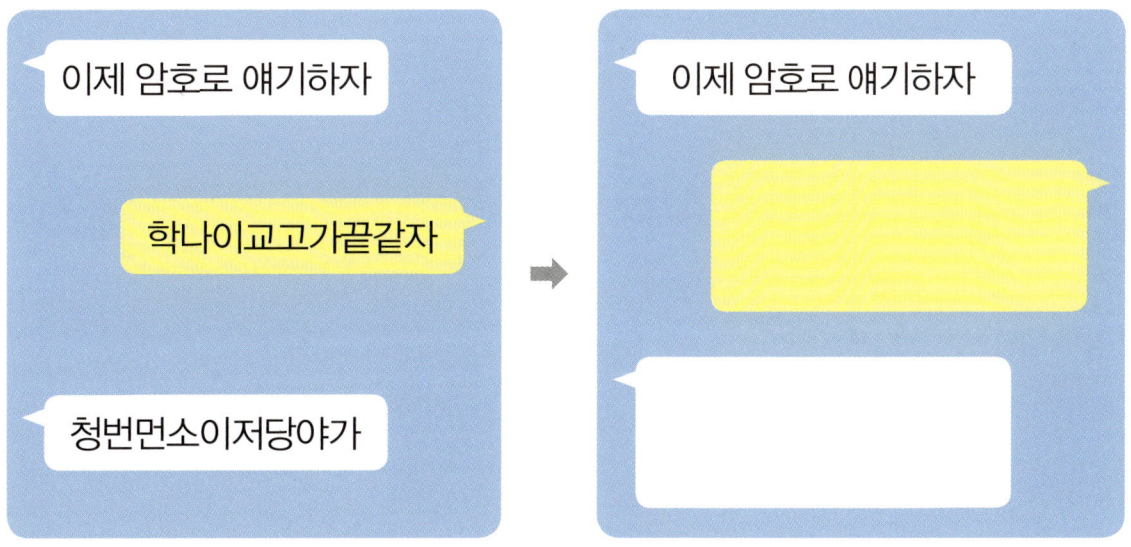

이제 암호로 얘기하자

학나이교고가끝같자

청번먼소이저당야가

이제 암호로 얘기하자

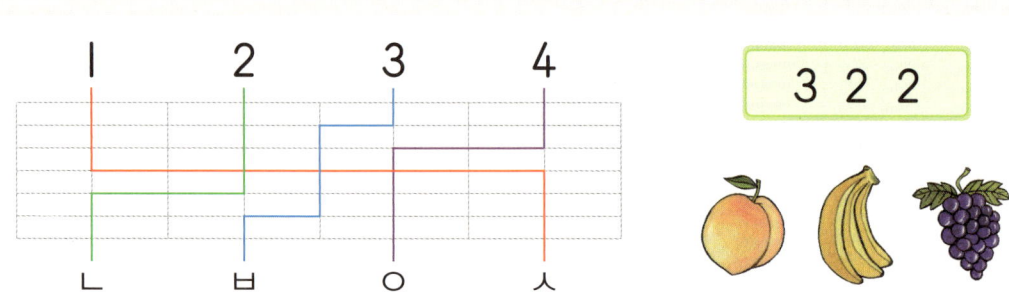

- 에니그마 암호는 암호 타자기인 에니그마의 작동 원리를 이용하여 만든 암호입니다.

- 다음 순서에 따라 에니그마 암호를 해독할 수 있습니다.
  ① 암호의 숫자에 연결된 선을 따라 갑니다.
  ② 숫자와 연결된 자음을 순서대로 씁니다.
  ③ 자음에 알맞은 단어의 그림을 찾습니다.

  예 322는 ㅂㄴㄴ이므로 바나나, 314는 ㅂㅅㅇ이므로 복숭아

1 에니그마 암호를 보고 두 표의 빈칸에 알맞은 글자 또는 수를 써넣으시오.

- 암호 해독표

암호	1	2	3	4	5
해독	ㄷ				

- 암호 생성표

암호	2				
해독	ㄱ	ㄴ	ㄷ	ㄹ	ㅁ

2 엄마가 오늘의 식사 메뉴를 에니그마 암호로 써놓았습니다. 암호를 해독하여 알맞은 메뉴를 찾아 선으로 이어 보시오.

3 태경이가 먹고 싶은 간식을 에니그마 암호로 나타내시오.

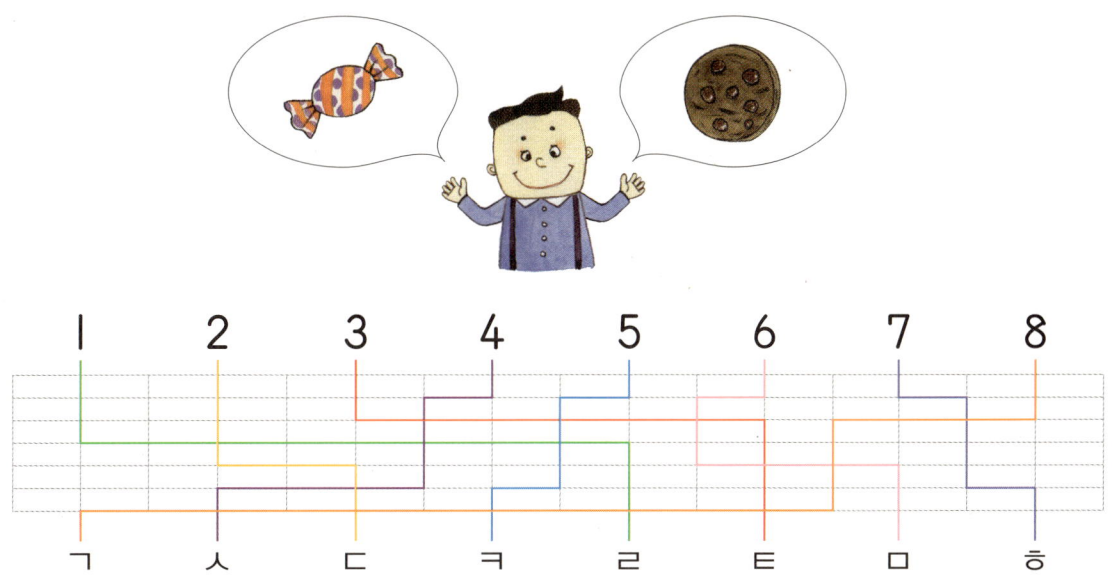

 # 스토리텔링 창의수학

[그림 암호]

1 그림 암호는 그림으로 글자를 나타낸 암호입니다. 정민이는 그림 암호를 사용하여 일기를 썼습니다. 그림 암호를 해독하여 단어로 바꾸어 보시오.

2014년 3월 18일 화요일　　　　날씨 : 맑음

학교에 다녀와서 TV를 보고 있는데 엄마가 심부름을 시키셨다.

엄마가 써 주신  를 들고 슈퍼로 가서  와  를

샀다. 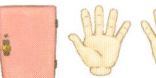 을 사러  ●에도 갔다가 집으로 돌아왔다.

엄마가 잘했다고 칭찬해주셨다. 기분이 좋았다. 앞으로 많이 도와드

려야겠다.

① → **종이**

②   → ☐

③   → ☐

④  → ☐

⑤    ● → ☐

Tip
손가락이 나타내는 수와 주사위가 나타내는 수를
사용하여 그림 암호를 해독합니다.

[스파르타 암호]

2 속담은 옛날 조상들의 지혜가 담긴 교훈을 전달하는 말입니다. 스파르타 암호를 해독하여 속담으로 바꾸어 보시오.

❶

| 천 | 도 | 음 | 리 | 한 | 부 | 길 | 걸 | 터 |

이 속담은 무슨 일이든지 시작이 중요하다는 뜻이야.

천	리	
도		
음		

❷

| 소 | 외 | 고 | 잃 | 양 | 친 | 고 | 간 | 다 |

이 속담은 이미 일이 실패한 후에는 후회해도 소용없다는 뜻이야.

[에니그마 암호]

3 독일의 한 군인이 쓴 편지입니다. 독일군이 공격해야 하는 나라와 공격하지
말아야 하는 나라를 에니그마 암호로 만들어 보시오.

> 장군님,
>
> 독일군이 공격해야 하는 나라는 **영국**과
> **러시아**이고, 공격하지 말아야 하는 나라는
> **오스만**과 **스위스**입니다.

	1	2	3	4	5
ㄱ	ㄹ	ㅁ	ㅇ	ㅅ

공격해야 하는 나라는 ⟨ 35 ⟩, ⟨　⟩이고,
공격하지 말아야 하는 나라는
⟨　⟩, ⟨　⟩입니다.

[단일치환 암호]

4 한 글자를 다른 글자나 수로 바꾸어 나타내는 암호를 단일치환 암호라고 합니다. 물음에 답하시오.

암호 해독표

수	l	2	3	4	5	6	7	8	9	0
알파벳	A	B	C	D	E	F	G	H	I	J

① 수 암호를 해독하여 알맞은 알파벳을 쓰시오.

297 ➡ | B | | | 6135 ➡ | | | | |

② 다음 단어를 암호로 바꾸시오.

AGE ➡ | | | | HIGH ➡ | | | | |

③ 자신의 암호해독표를 만들고 다음 단어를 암호로 바꾸시오.

수										
알파벳	A	B	C	D	E	H	I	M	P	T

MATH

 **수학 게임**

스키테일 암호

스키테일 암호를 만들어 봅시다.

준비물 연필, 종이, 투명 테이프

게임 방법

❶ 연필과 종이, 투명 테이프를 준비합니다.

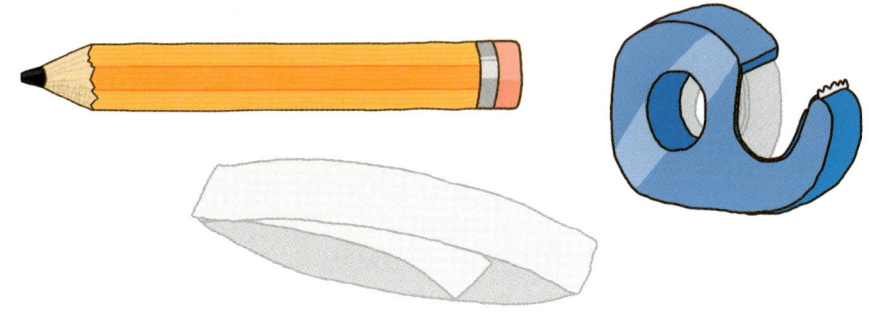

❷ 연필에 종이를 비스듬히 놓고 투명 테이프로 종이를 고정시킵니다.

❸ 종이를 끝까지 감고, 끝부분을 투명 테이프로 붙입니다.

④ 종이 위에 18글자 이내로 비밀 이야기를 씁니다.

재미있는 스키테일 암호 만들어요♥

⑤ 종이를 풀어서 펼치면 스키테일 암호가 완성되며, 다시 연필에 감으면 암호를 해독할 수 있습니다.

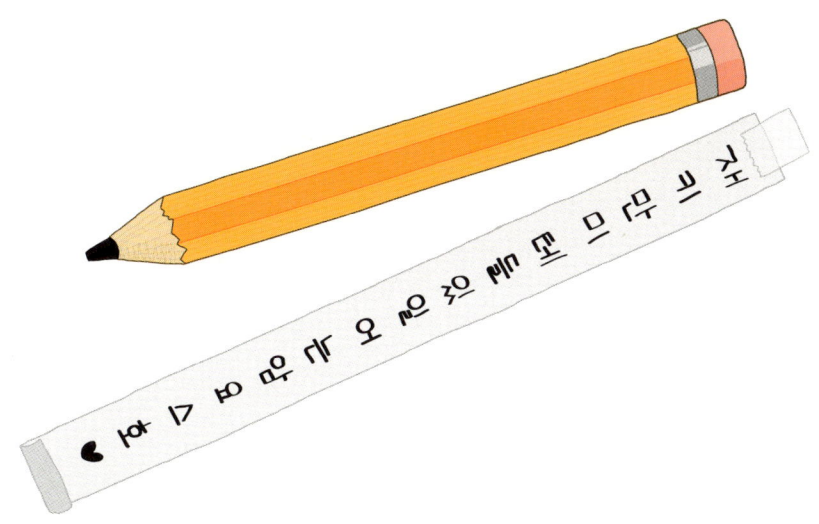

모스부호는 미국의 발명가 사무엘 모스가 신호의 소리를 증폭시키는 장치를 이용하여 만든 통신 체계입니다. 긴 신호와 짧은 신호를 선과 점으로 나타낼 수 있어 암호로 쓰이기도 합니다.

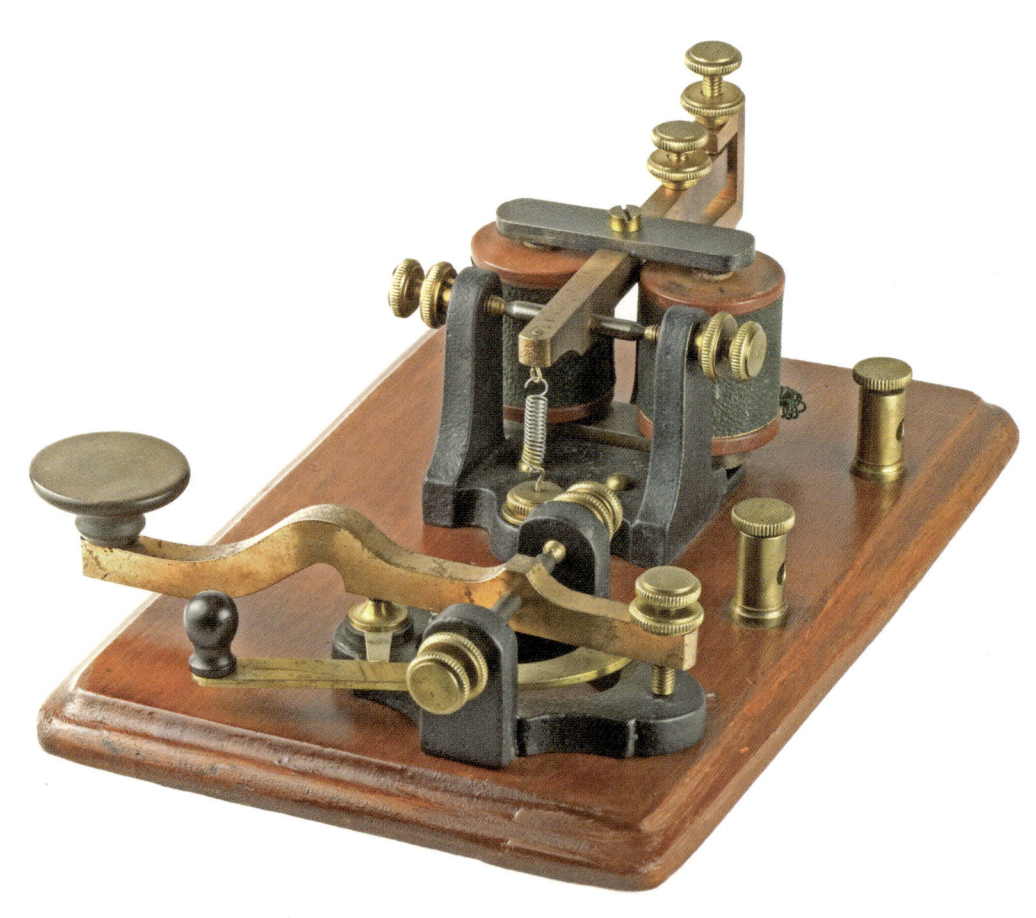

전 세계적으로 사용되는 국제모스부호표를 보고 단어를 모스부호로 나타내어 봅시다.

국제모스부호표

- S O S ➡ _____

- P L A Y ➡ _____

네모네모 암호

 암호

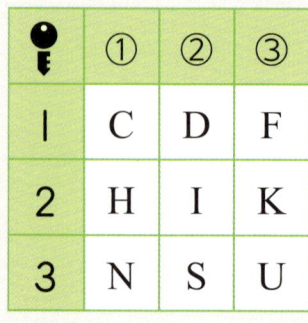	①	②	③
1	C	D	F
2	H	I	K
3	N	S	U

ㅣ③3③3①

해독

F U N

- 네모네모 암호는 알파벳을 각각의 가로와 세로의 위치로 나타내는 암호입니다.

- 암호 해독표에서 ㅣ③은 ㅣ줄과 ③줄이 만나는 칸에 있는 알파벳 F를 뜻합니다.

- 3 ③은 U, 3 ①은 N입니다.

1 네모네모 암호 해독표를 보고 물음에 답하시오.

암호 해독표

🔑	①	②	③
1	A	G	T
2	D	S	U
3	N	C	B

❶ 암호가 나타내는 알파벳을 쓰시오.

1① ➡ A   2③ ➡ ☐   3② ➡ ☐

❷ 알파벳을 암호로 나타내시오.

D ➡ ☐   N ➡ ☐   T ➡ ☐

2 네모네모 암호를 해독하여 빈칸에 알맞은 알파벳을 써넣으시오.

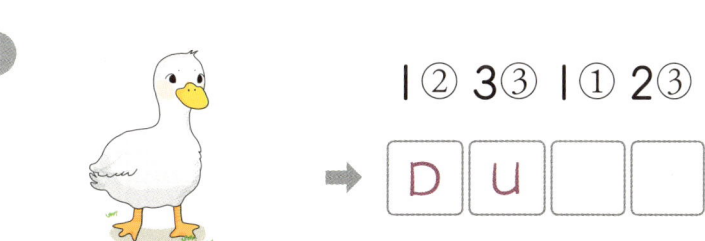

①

Ⅰ② 3③ Ⅰ① 2③

→ | D | u | | |

②

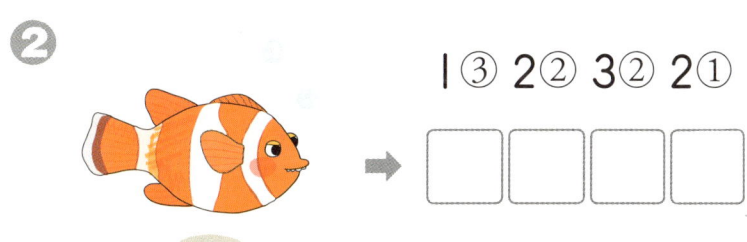

Ⅰ③ 2② 3② 2①

→ | | | | |

암호 해독표

🔑	①	②	③
Ⅰ	C	D	F
2	H	I	K
3	N	S	U

3 네모네모 암호 해독표를 이용하여 다음 문장을 암호로 나타내시오.

I LOVE YOU!

🔑	①	②	③
Ⅰ	L	T	V
2	U	E	I
3	Q	O	Y

카이사르 암호

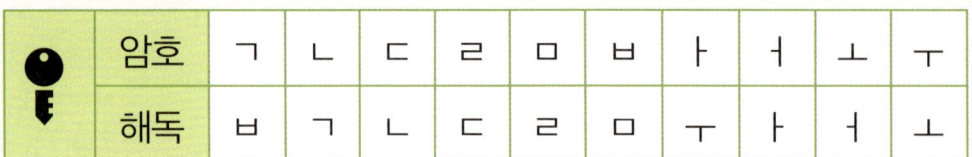

	암호	ㄱ	ㄴ	ㄷ	ㄹ	ㅁ	ㅂ	ㅏ	ㅓ	ㅗ	ㅜ
	해독	ㅂ	ㄱ	ㄴ	ㄷ	ㄹ	ㅁ	ㅜ	ㅏ	ㅓ	ㅗ

🔒 암호　더바　　　　　🔓 해독　나무

- 카이사르 암호는 고대 로마의 카이사르와 그 부하들이 사용했던 암호입니다.
- 암호 해독표를 보고 암호 글자를 해독 글자로 바꿉니다.
- 모음과 자음을 옆으로 몇 칸씩 이동하는 규칙이 있습니다.

1 카이사르 암호로 나타낸 단어를 해독하여 알맞은 것끼리 선으로 이어 보시오.

	암호	ㄱ	ㄴ	ㄷ	ㄹ	ㅁ	ㅂ	ㅏ	ㅓ	ㅗ	ㅜ
	해독	ㅂ	ㄱ	ㄴ	ㄷ	ㄹ	ㅁ	ㅜ	ㅏ	ㅓ	ㅗ

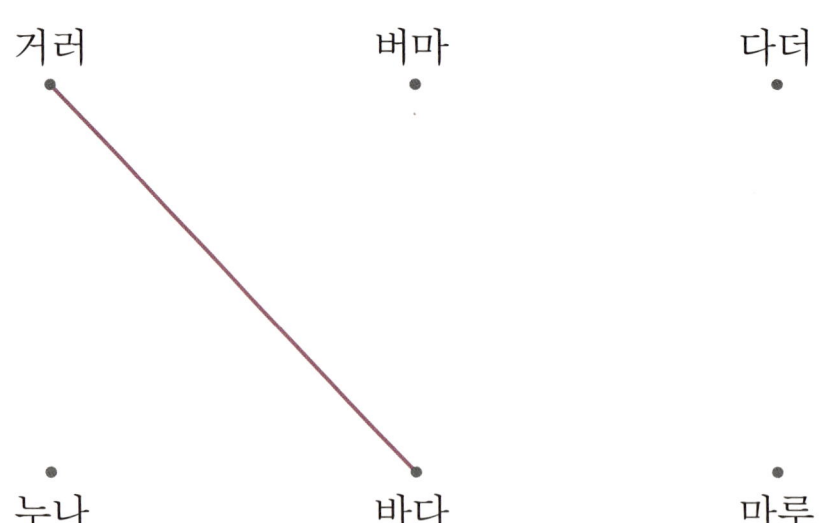

거러　　　　　　버마　　　　　　다더

누나　　　　　　바다　　　　　　마루

2 고대 로마의 유명한 장군인 카이사르는 부하들에게 암호로 메시지를 적어
보냈습니다. 암호를 해독해 보시오.

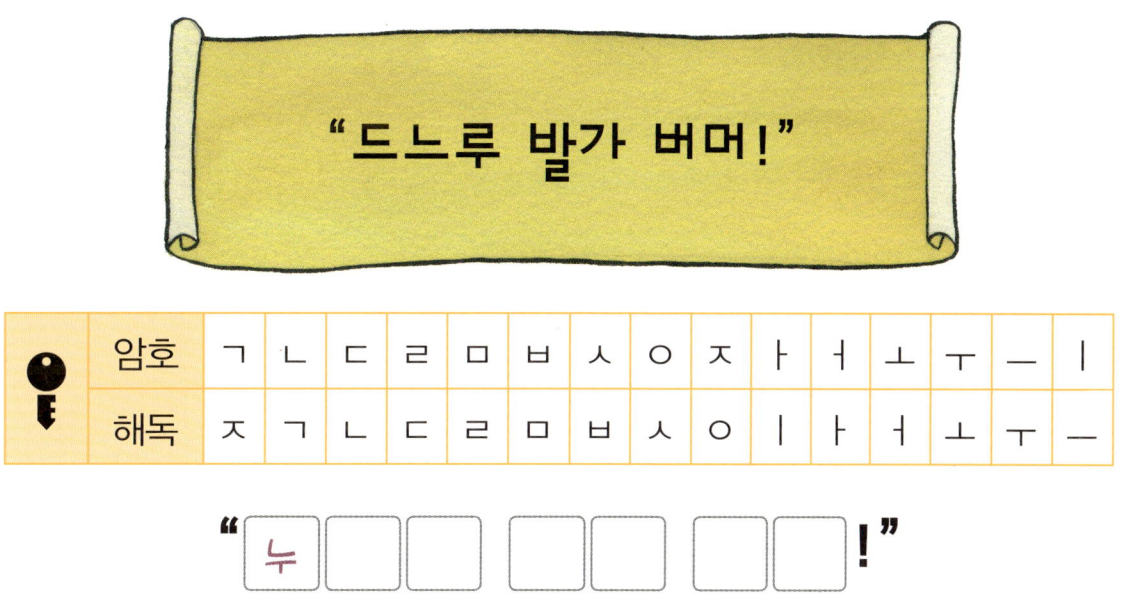

"드느루 발가 버머!"

	암호	ㄱ	ㄴ	ㄷ	ㄹ	ㅁ	ㅂ	ㅅ	ㅇ	ㅈ	ㅏ	ㅓ	ㅗ	ㅜ	ㅡ	ㅣ
	해독	ㅈ	ㄱ	ㄴ	ㄷ	ㄹ	ㅁ	ㅂ	ㅅ	ㅇ	ㅣ	ㅏ	ㅓ	ㅗ	ㅜ	ㅡ

"[누][ ][ ][ ][ ][ ][ ]!"

3 암호 해독표를 이용하여 다음 명언을 암호로 나타내시오.

	암호	ㄴ	ㄷ	ㄹ	ㅁ	ㅂ	ㅅ	ㅇ	ㅈ	ㅊ	ㅏ	ㅓ	ㅗ	ㅜ	ㅡ	ㅣ
	해독	ㅈ	ㅊ	ㄴ	ㄷ	ㄹ	ㅁ	ㅂ	ㅅ	ㅇ	ㅡ	ㅣ	ㅏ	ㅓ	ㅗ	ㅜ

실천이 말보다 낫다.

[모스부호]

1 |7세기 영국의 시인 로버트 헤릭은 자신의 시에 '고통이 없으면 얻는 것도 없다.'라는 의미를 가진 문장을 모스부호로 나타내었습니다. 모스부호를 해독하여 문장을 완성하시오.

국제모스부호표

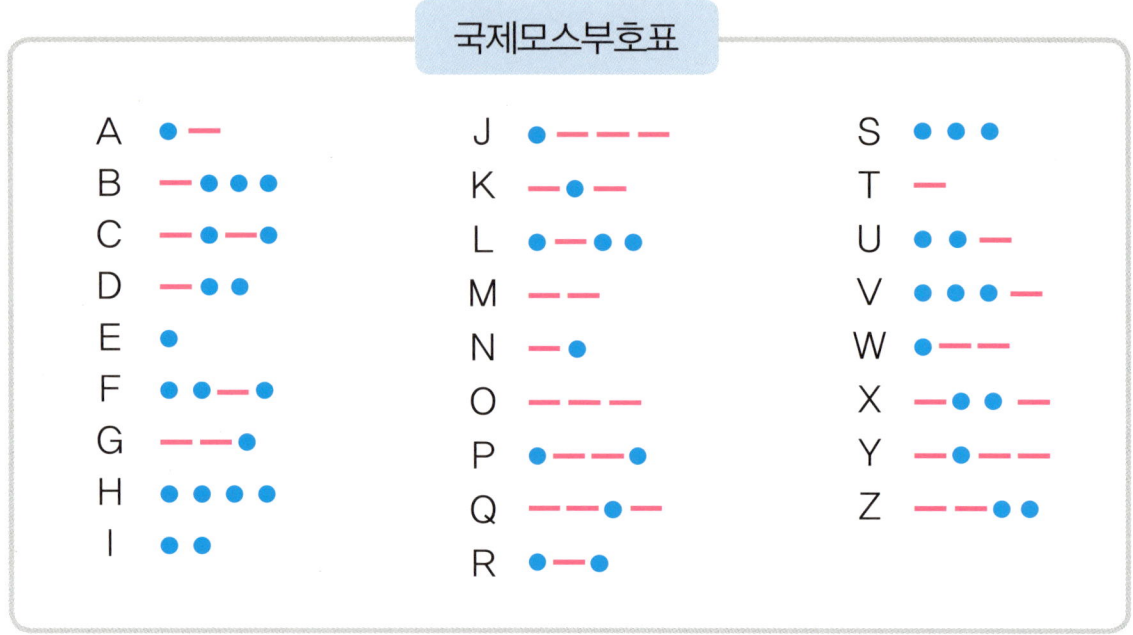

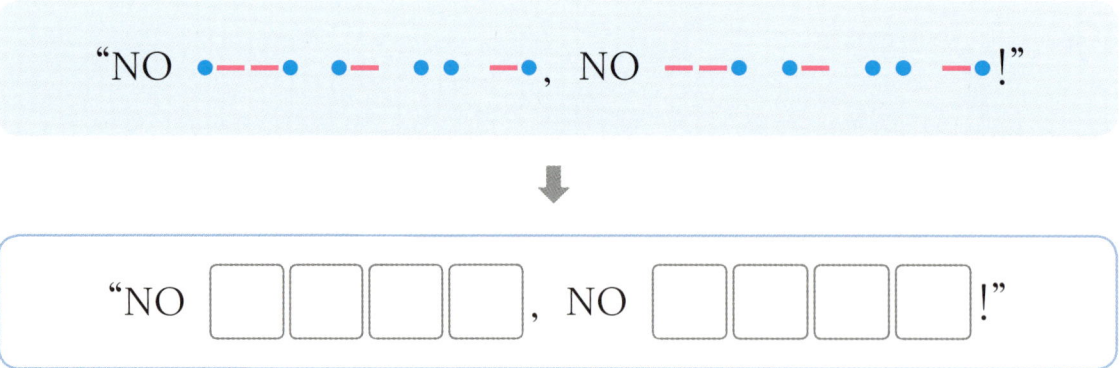

"NO ☐☐☐☐, NO ☐☐☐☐!"

[네모네모 암호]

2 제1차 세계대전때 독일군은 프랑스와 러시아를 공격하는 요일을 네모네모 암호로 전달했습니다. 암호를 해독하여 빈칸에 알맞은 알파벳을 써넣으시오.

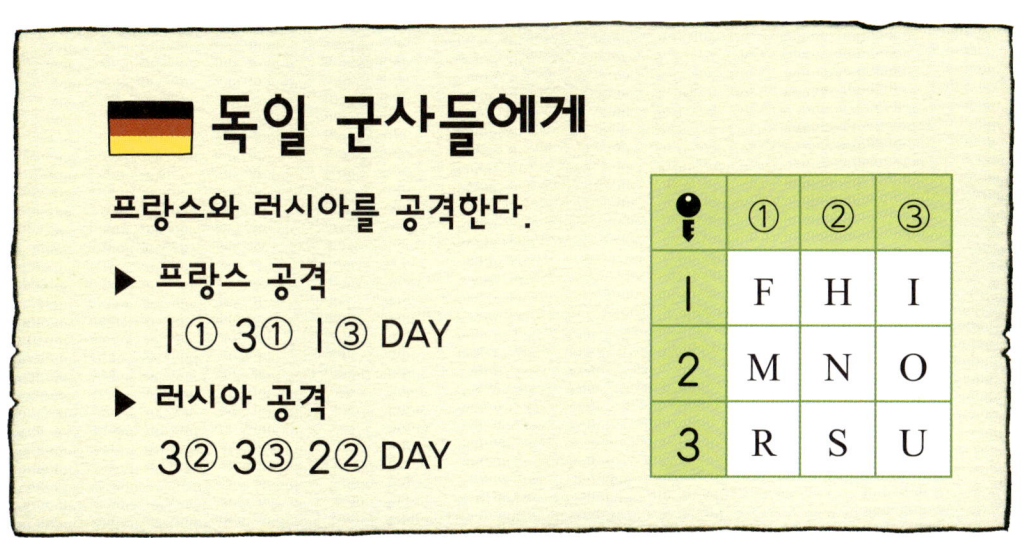

🇩🇪 **독일 군사들에게**

프랑스와 러시아를 공격한다.

▶ **프랑스 공격**
1① 3① 1③ DAY

▶ **러시아 공격**
3② 3③ 2② DAY

🔑	①	②	③
1	F	H	I
2	M	N	O
3	R	S	U

❶ 암호를 해독하여 빈칸에 알맞은 알파벳을 써넣으시오.

프랑스 공격 ➡ ☐☐☐ DAY

러시아 공격 ➡ ☐☐☐ DAY

❷ 독일이 네덜란드를 공격하는 요일을 다음과 같이 정했다고 합니다. 요일을 암호로 나타내시오.

네덜란드 공격 MONDAY ➡ ☐ DAY

[삼일운동]

3 1919년 3월 1일 만세운동을 실시하는 시간과 장소가 암호로 쓰여진 종이입니다. 물음에 답하시오.

> **1919년 3월 1일**
> ⑧⑤ ⑭⑦ ③⑦시, ⑫①⑥ ①⑤④공원

암호 해독표

암호	①	②	③	④	⑤	⑥	⑦	⑧	⑨	⑩	⑪	⑫	⑬	⑭
해독	ㄱ	ㄴ	ㄷ	ㄹ	ㅁ	ㅂ	ㅅ	ㅇ	ㅈ	ㅊ	ㅋ	ㅌ	ㅍ	ㅎ

암호	1	2	3	4	5	6	7	8	9	0
해독	ㅏ	ㅑ	ㅓ	ㅕ	ㅗ	ㅛ	ㅜ	ㅠ	ㅡ	ㅣ

❶ 암호를 해독하여 3월 1일 만세운동의 시간과 장소를 쓰시오.

_____ 시, _____ 공원

❷ 만세운동을 주동했던 민족대표 33인 중 두 분의 이름을 암호로 나타내시오.

손병희

신홍식

4 알리바바와 40인의 도둑에서 도둑들은 동굴의 문을 여는 주문이 알리바바에게 알려졌다는 사실을 알고 주문을 바꾸고, 카이사르 암호로 외쳐야 열리도록 하였습니다. 주문의 뜻을 써넣으시오.

춤추는 사람 암호

코난 도일의 추리 소설 〈셜록 홈즈〉에는 '춤추는 사람 암호'가 나옵니다. 암호에 사용되는 그림을 잘 관찰하여 그림과 연결되는 알파벳을 추측하면 암호를 해독할 수 있습니다.

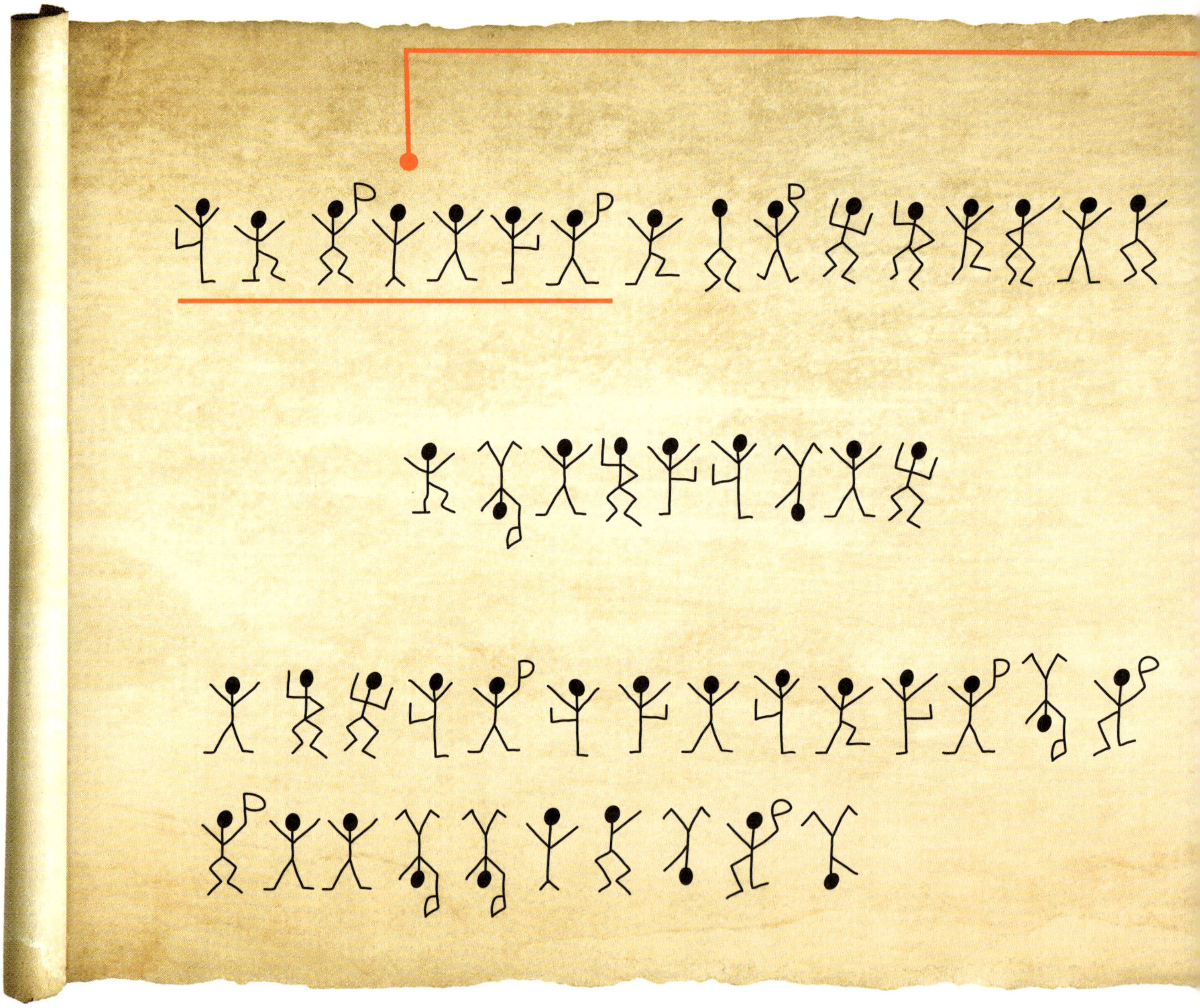

I AM HERE

나는 여기에 왔다.

Q 셜록 홈즈는 암호를
어떻게 해독했을까요?

A 셜록 홈즈는 영어에서 가장 많이 나오는 글자는 E라는 사실을 이용하였습니다. 다음은 춤추는 사람 암호의 일부입니다.

이 암호에서 가장 많이 그려진 그림을 E라고 정해놓은 후, E가 두 번 있는 단어 NEVER를 찾았습니다.
특별한 규칙이 없는 암호의 그림에 알파벳을 하나하나 대입하여 단어를 찾는 과정을 반복하면 모든 암호를 해독할 수 있습니다.

수학박물관 IV

주사위

막대에 홈이 1개, 2개, 3개, 4개, 5개 있어요.

돌, 뼈, 쇠로도 주사위를 만들었습니다.

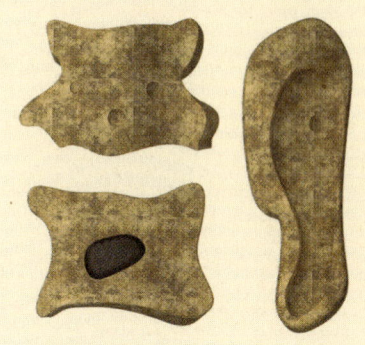

▲ 동물의 뼈로 만든 주사위 1

고대 그리스 시대에 동물의 뼈를 그대로 사용하여 만든 주사위입니다.

▲ 세모, 네모 주사위

돌을 깎아서 세모, 네모 모양의 주사위를 만들었습니다. 크기는 작지만, 무게는 플라스틱 주사위보다 무겁습니다.

▲ 동물의 뼈로 만든 주사위 2

고대 로마 시대에 뼈로 만든 주사위입니다.
길쭉한 모양도 있고, 지금의 주사위 같은 모양도 있습니다

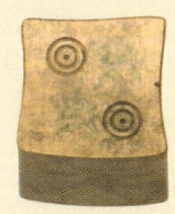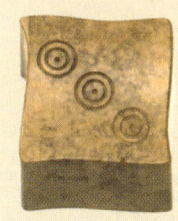

▲ 팽이 모양의 주사위

대리석, 뼈, 금속 등 다양한 재료로 만든 재미있는 모양의 주사위입니다.
팽이 모양의 주사위에는 1부터 12까지의 수가 새겨져 있습니다.

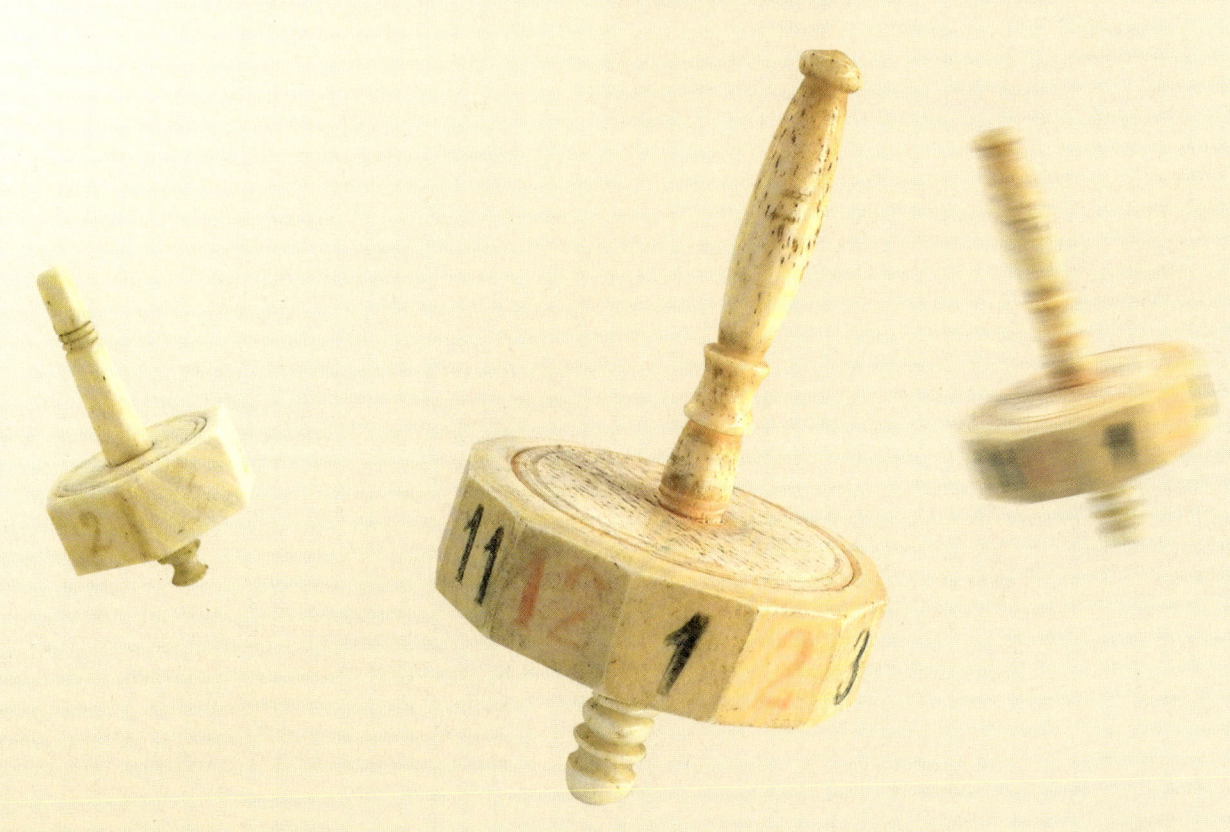

오랜 옛날부터 많은 사람들은 주사위 게임을 좋아했습니다.

◀ 주사위 놀이를 하는 아이들
1675년 스페인 화가의 그림에는 세 명의 어린이들이 주사위 게임을 하는 모습이 그려져 있습니다.

▶ 주사위 놀이를 하는 상인들
1886년 독일 화가의 그림에는 카페 테이블에 모여 앉은 사람들이 주사위를 던지며 게임을 하는 모습이 그려져 있습니다.

▲ 주사위 놀이를 하는 사람들

1643년 네덜란드 화가의 그림에는 네 명의 사람들이 주사위를 던지며 게임을 하는 모습이 그려져 있습니다.

▶ 기념 우표

고대 그리스, 트로이 전쟁의 병사들이 주사위 게임을 하는 모습이 그려진 우표입니다. 전쟁 중 창과 방패를 들고 주사위를 던지는 모습은 주사위에 운명을 맡긴 것으로 보이기도 합니다.

주사위 놀이

이도령과 정아씨가 2개의 주사위를 던져서 나온 눈의 합이 큰 사람이 이기는 놀이를 하고 있습니다.

2개의 주사위를 던졌을 때, 나올 수 있는 주사위 눈의 합입니다. 빈칸에 알맞은 수를 쓰고, 이도령이 이기기 위해 나와야 하는 눈의 합을 찾아 ○표 하시오.

+	⚀	⚁	⚂	⚃	⚄	⚅
⚀	2	3	4	5	6	7
⚁	3	4	5	6	7	(8)
⚂	4	5	6	7	(8)	(9)
⚃						
⚄						
⚅						

경우의 수 : 6

경우의 수 : 2

- 어떤 일이 일어날 수 있는 경우의 가짓수를 경우의 수라고 합니다.

- 주사위를 던졌을 때, 나올 수 있는 경우의 수는 6입니다.

- 동전을 던졌을 때, 나올 수 있는 경우의 수는 2입니다.

1 다음 나올 수 있는 경우를 모두 쓰고 경우의 수를 구하시오.

①
나올 수 있는 숫자
　　　1, 2, 3, 4, 5, 6　　　➡ 　경우의 수　 6

②
나올 수 있는 동전의 면
　　　앞면, 뒷면　　　➡ □

③
나올 수 있는 숫자
1, 2, 　　　➡ □

④
나올 수 있는 구슬색
주황, 파랑, 　　　➡ □

2 패스트푸드점의 메뉴판을 보고, 햄버거와 음료를 고를 수 있는 경우의 수를 구하시오.

① 햄버거를 고를 수 있는 경우의 수는 ☐ 입니다.

② 음료를 고를 수 있는 경우의 수는 ☐ 입니다.

3 진세의 말을 읽고, 물음에 답하시오.

가위, 바위, 보 중 무엇을 낼까?

가위바위보를 할 때, 진세가 낼 수 있는 경우의 수를 구하시오.

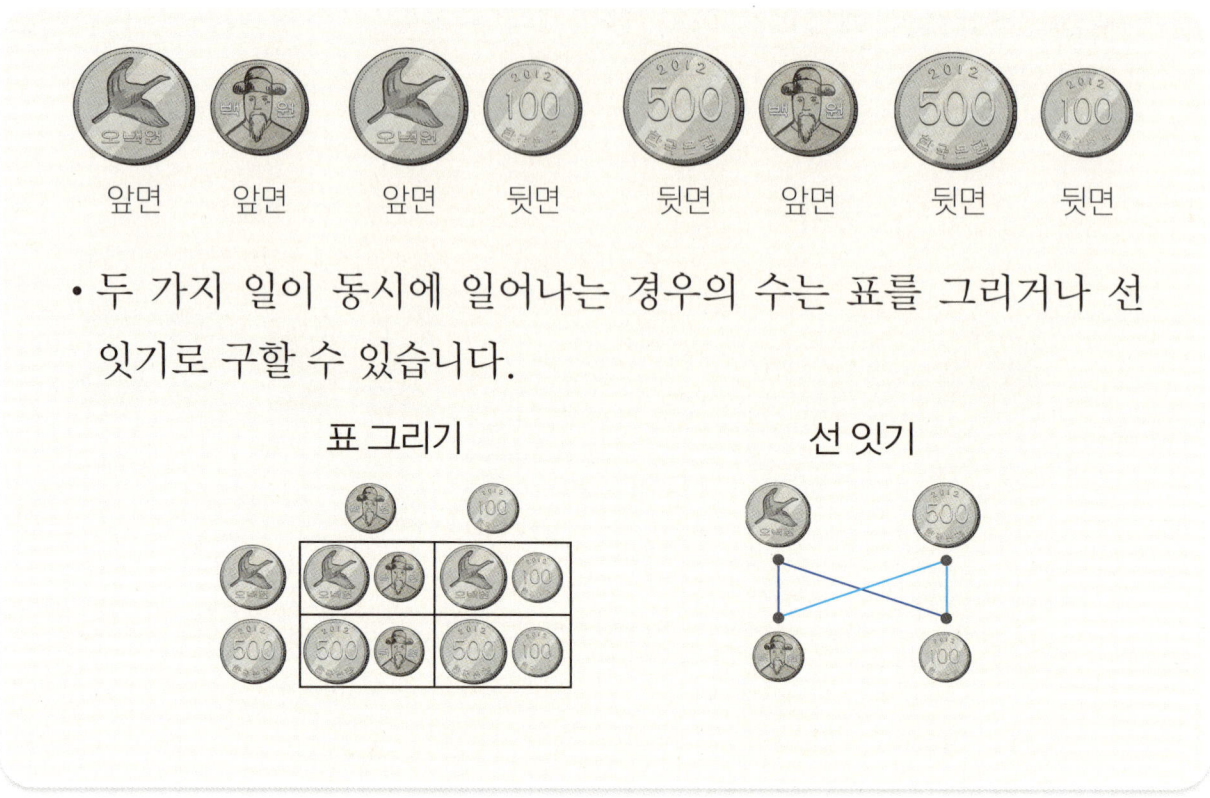

앞면　앞면　　앞면　뒷면　　뒷면　앞면　　뒷면　뒷면

• 두 가지 일이 동시에 일어나는 경우의 수는 표를 그리거나 선 잇기로 구할 수 있습니다.

표 그리기　　　　　　　　선 잇기

1 500원짜리 동전과 100원짜리 동전을 동시에 던질 때, 나올 수 있는 경우를 모두 찾아 앞면은 글자, 뒷면은 수로 나타내시오.

백원　오백원

2 동전과 4개의 면이 있는 주사위를 동시에 던질 때, 나올 수 있는 경우를 모두 찾아 선으로 이어 보고, 경우의 수를 구하시오.

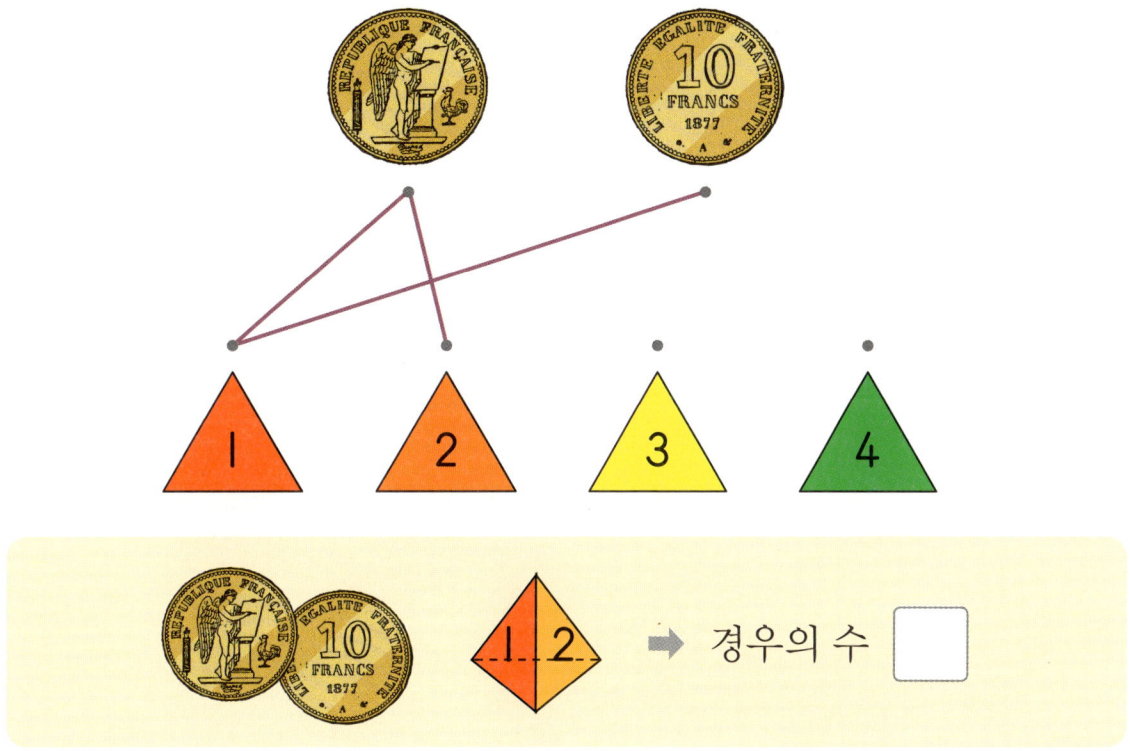

경우의 수 [ ]

3 동전과 주사위를 동시에 던질 때, 나올 수 있는 경우의 수를 표 그리기나 선 잇기를 이용하여 구하고, 구한 방법을 나타내시오.

[한복]

1 우리나라 고유의 옷인 한복은 저고리와 치마를 한 벌로 입습니다. 저고리 3개와 치마 2개로 입을 수 있는 경우를 모두 찾아 선으로 잇고, 경우의 수를 구하시오.

 .

.

 .

.

 .

Tip
저고리 1개에 치마를 2개 입어 볼 수 있습니다.

2 아테네에서 스파르타까지 가려면 미케네를 지나가야 합니다. 초기에 아테네에서 스파르타까지 갈 수 있는 경우의 수는 2입니다. 중기, 후기의 경우의 수를 구하시오.

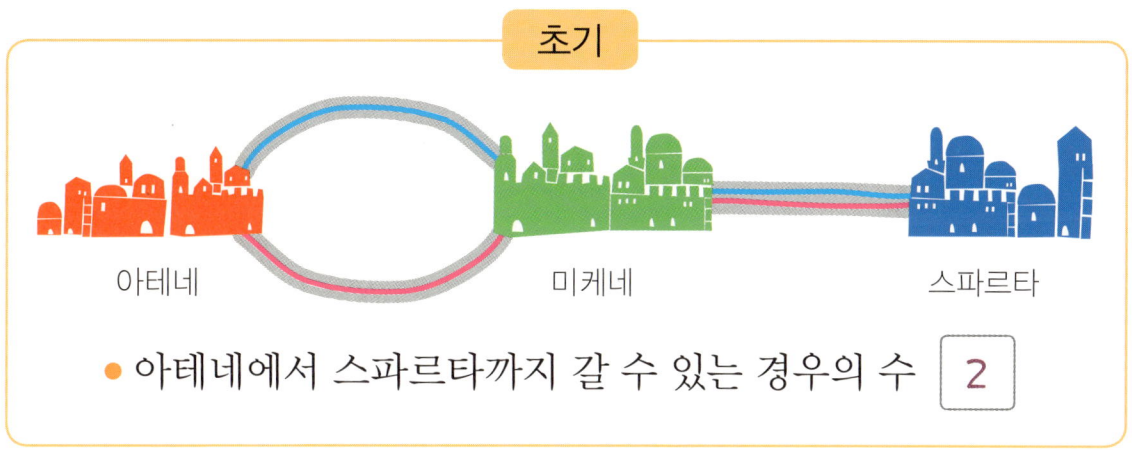

초기

● 아테네에서 스파르타까지 갈 수 있는 경우의 수 [2]

중기

● 아테네에서 스파르타까지 갈 수 있는 경우의 수 [   ]

후기

● 아테네에서 스파르타까지 갈 수 있는 경우의 수 [   ]

[주사위와 회전판]

3 주사위 던지기와 회전판 돌리기를 동시에 할 때, 주사위 수와 회전판 수의 합이 더 큰 사람이 이기는 게임을 하려고 합니다. 빈칸에 알맞은 합을 쓰고, 상대방의 합이 6일 때 이길 수 있는 경우에 ◯표 하시오.

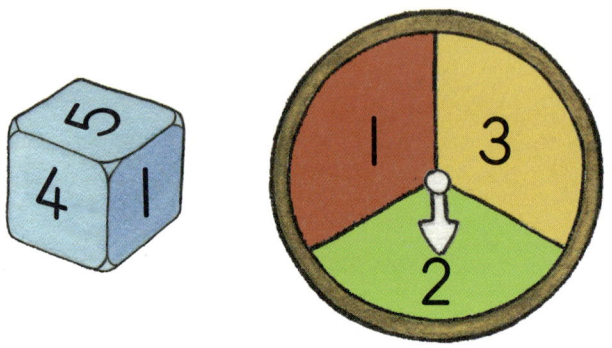

+	1	2	3	4	5	6
1	2	3	4	5	6	⑦
2						
3						

4 원나라의 유물인 '아라비아 숫자 철판'에는 숫자를 연결하여 두 자리 수를 만든 흔적이 있습니다. 윗줄과 아랫줄의 숫자를 연결하여 두 자리 수를 모두 만들고, 만들 수 있는 경우의 수를 구하시오.

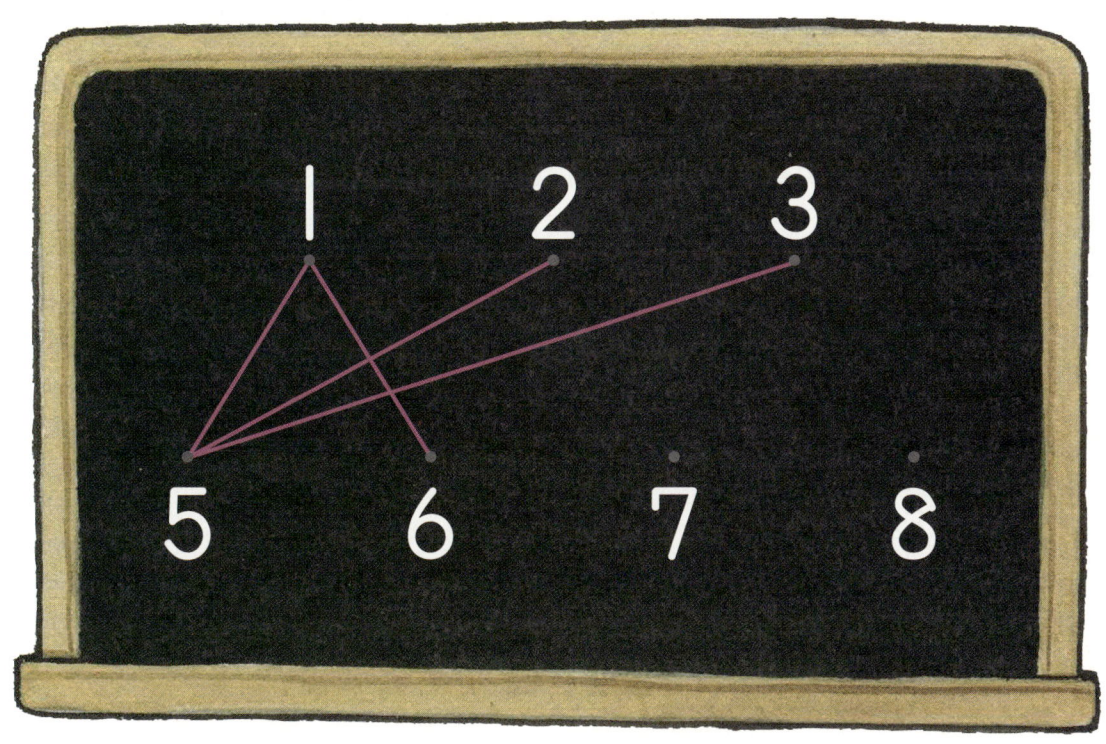

15   16

25

35

Tip

십의 자리 숫자 1과 일의 자리 숫자 5, 6, 7, 8 로 만들 수 있는 수는 15, 16, 17, 18로 모두 4개입니다.

주사위 게임

자신이 고른 수가 더 많이 나오는 사람이 이기는 주사위 게임을 해 봅시다.

준비물 · 주사위 전개도

게임 방법

① 기록지 ① 에 있는 두 개의 경우(홀수/짝수) 중 하나씩 골라 이름을 씁니다.

② 주사위를 번갈아가며 **5**번 던집니다. 주사위 수가 홀수인지 짝수인지 확인하여 알맞은 곳에 ○표 하고, **5**칸 중 ○가 더 많은 사람이 이깁니다.

③ 다른 기록지로도 게임을 합니다. 게임이 끝난 후에는 각 기록지에서 어느 것이 더 경우의 수가 큰지 이야기해 봅니다.

기록지 ①

홀수 / 짝수

이름   이름

주사위 숫자

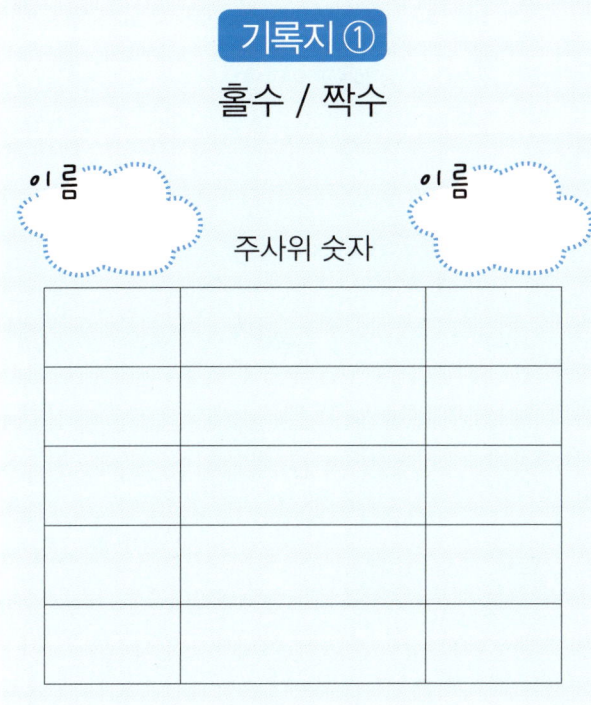

기록지 ②

빨간색 / 노란색

이름   이름

주사위 숫자

기록지 ③

3보다 큰 수 / 3보다 작은 수

이름   이름

주사위 숫자

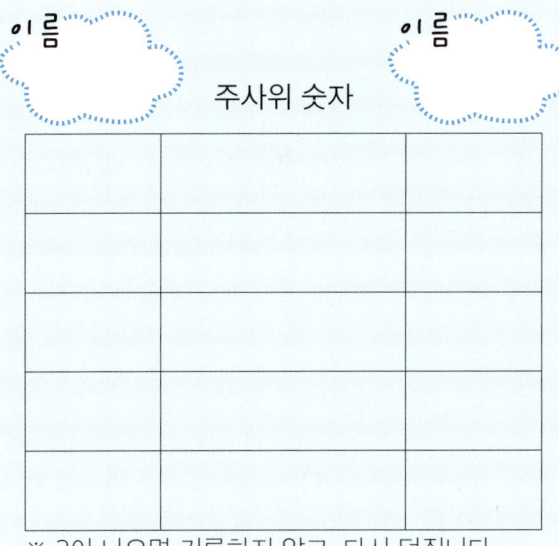

※ 3이 나오면 기록하지 않고, 다시 던집니다.

기록지 ④

4보다 큰 수 / 4보다 작은 수

이름   이름

주사위 숫자

※ 4가 나오면 기록하지 않고, 다시 던집니다.

우표 붙이기

편지를 보내려면 17센트의 우표가 필요합니다. 3센트, 2센트의 우표를 사용하여 서로 다른 방법으로 17센트를 만들어 봅시다.

붙임 딱지 | 우표

➡ $3+3+3+3+3+2=17$

5센트와 l센트로 l2센트 만들기

① 5센트 5센트 1센트 1센트　　② 5센트 1센트 1센트 1센트 1센트 1센트 1센트 1센트

③ 1센트 1센트 1센트 1센트 1센트 1센트 1센트 1센트 1센트 1센트 1센트 1센트

- 주어진 동전으로 정해진 금액을 만드는 방법은 여러 가지가 있습니다.

- 5센트, l센트로 l2센트를 만드는 방법은 3가지입니다.

- 5센트의 개수를 l개씩 줄이고, l센트로 남은 금액을 맞춥니다.

1 l0센트, 5센트로 35센트짜리 장난감을 사려고 합니다. 방법을 다르게 하여 각 동전의 개수에 맞게 ○표 하시오.

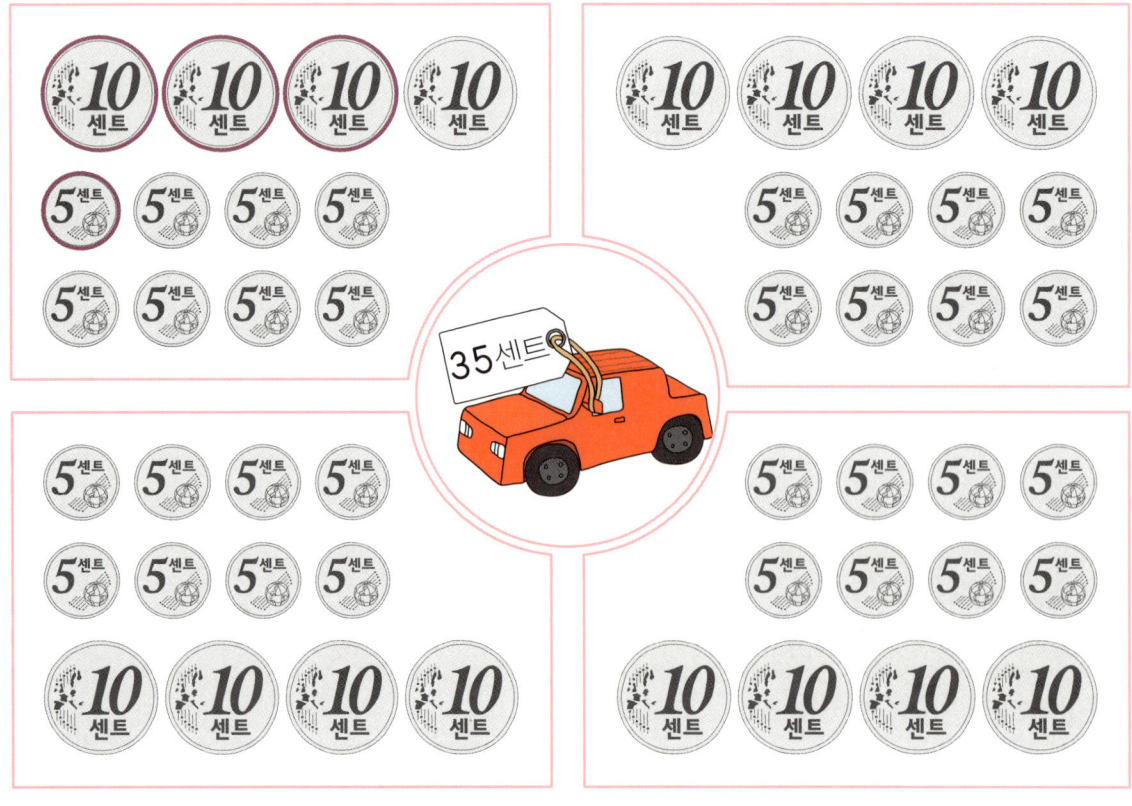

2 다음은 음료수 하나를 사고 민율이가 낸 돈입니다. 물음에 답하시오.

❶ 음료수의 가격을 구하시오.

❷ 5센트짜리 동전을 3개 낸다면 1센트짜리 동전을 민율이보다 몇 개 더 내야 하는지 구하시오.

3 지우는 10센트짜리 동전 2개와 1센트짜리 동전 17개를 가지고 있습니다. 가지고 있는 동전으로 지우가 다음 물건을 살 때, 내는 동전의 수가 가장 많은 경우를 구하시오.

우표로 금액 만들기

	센트 우표	2센트 우표	3센트 우표	4센트 우표
×	2센트	×	2센트 2센트

5센트 우표	6센트 우표	7센트 우표	8센트 우표
5센트	2센트 2센트 2센트	5센트 2센트	2센트 2센트 2센트 2센트

- 5센트와 2센트 우표를 이용하여 여러 가지 금액을 만들 수 있습니다.

- 5센트와 2센트로 | 센트와 3센트는 만들 수 없습니다.

1 주어진 금액에 맞게 5센트와 2센트 우표에 ○표 하시오.

❶ 9센트

❷ | 0센트

❸ | | 센트

❹ | 2센트

2 5센트, 3센트 우표를 색칠하여 주어진 금액을 만들고, 금액을 만들 수 있다면 ○표, 만들 수 없다면 ✕표 하시오.

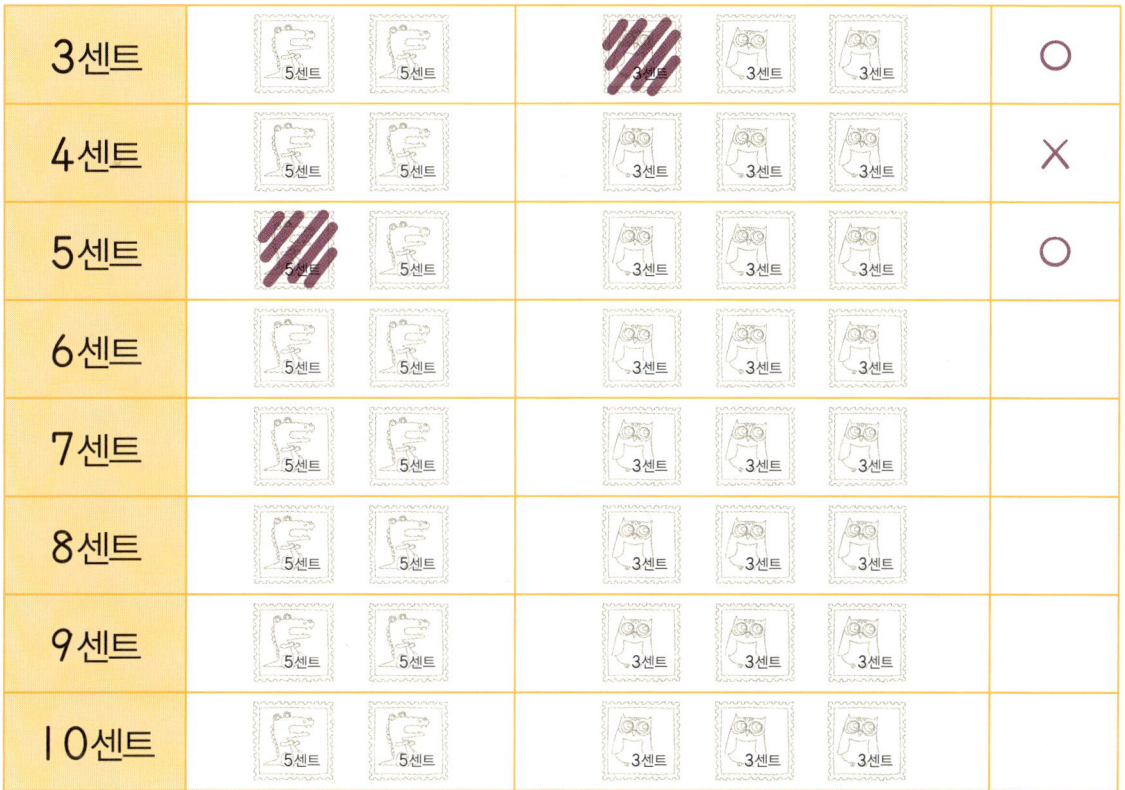

3센트						○
4센트						✕
5센트						○
6센트						
7센트						
8센트						
9센트						
10센트						

3 3센트와 4센트짜리 우표를 붙여서 편지를 보내려고 합니다. 다음 편지 중 금액에 맞춰 우표를 붙일 수 없는 편지를 고르시오.

5센트

10센트

15센트

[과일 사기]

1 3센트, 5센트짜리 동전만 사용하여 과일을 사려고 합니다. 과일의 가격에 맞게 동전을 색칠하시오.

❶ 32센트

❷ 21센트

❸ 34센트

2 활을 쏘아 주어진 점수를 만들려고 합니다. 과녁의 빨간 부분은 7점, 파란
부분은 4점일 때, 과녁에 화살이 어떻게 맞아야 하는지 ×표 하시오.

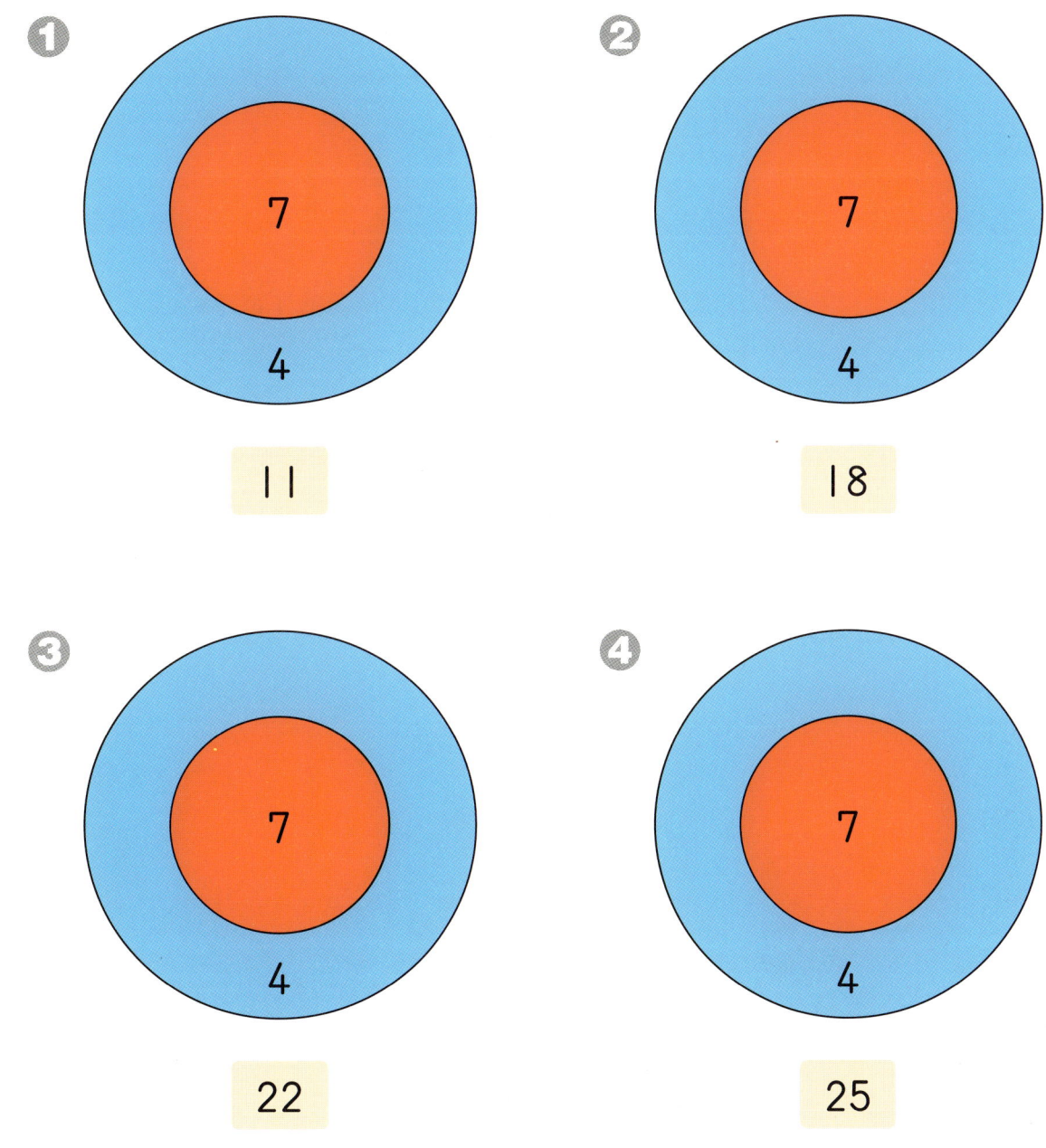

[자판기]

3 1940년대 처음 나온 자판기는 5센트와 2센트로만 음료를 살 수 있었고, 거스름돈이 나오지 않아 가격에 맞게 동전을 넣어야 했습니다. 가격이 같은 음료수를 뽑는 서로 다른 방법을 찾아 동전을 색칠하시오.

[편지]

4 프랑스 귀족 해리스가 우표 가격이 다른 세 나라의 친구들에게 편지를 보내려고 합니다. 해리스는 7프랑, 10프랑짜리 우표만 가지고 있습니다. 편지를 보낼 수 없는 나라를 찾아보시오.

 **지식 백과**

화폐 속 수학자

과거에 사용하였거나 지금도 사용하고 있는 세계 여러 나라의 화폐에는 대통령, 정치인, 학자, 화가, 음악가, 건축가, 작가 등 각 나라를 대표하는 위인들이 그려져 있습니다. 이 중에는 가우스, 뉴턴, 와트와 같이 수학과 관련된 사람들도 있습니다.

가우스 (독일의 수학자)

 오일러
(스위스의 수학자, 물리학자)

 뉴턴
(영국의 물리학자, 수학자)

 와트
(영국의 수학 기계공)

 데카르트
(프랑스의 철학자, 수학자)

 아르프
(터키의 수학자)

Q 위인들은 화폐에만
그려져 있나요?

A 유명한 업적을 남긴 위인들은 화폐뿐 아니라 기념우표에도 그려져 있습니다.
기념우표란 국가적으로 뜻깊은 일을 기념하기 위해 발행하는 우표입니다.
사람들은 기념우표를 편지를 보내는데 쓰지 않고, '우표 수집책'에 모아 간직합니다.

페르마

코시

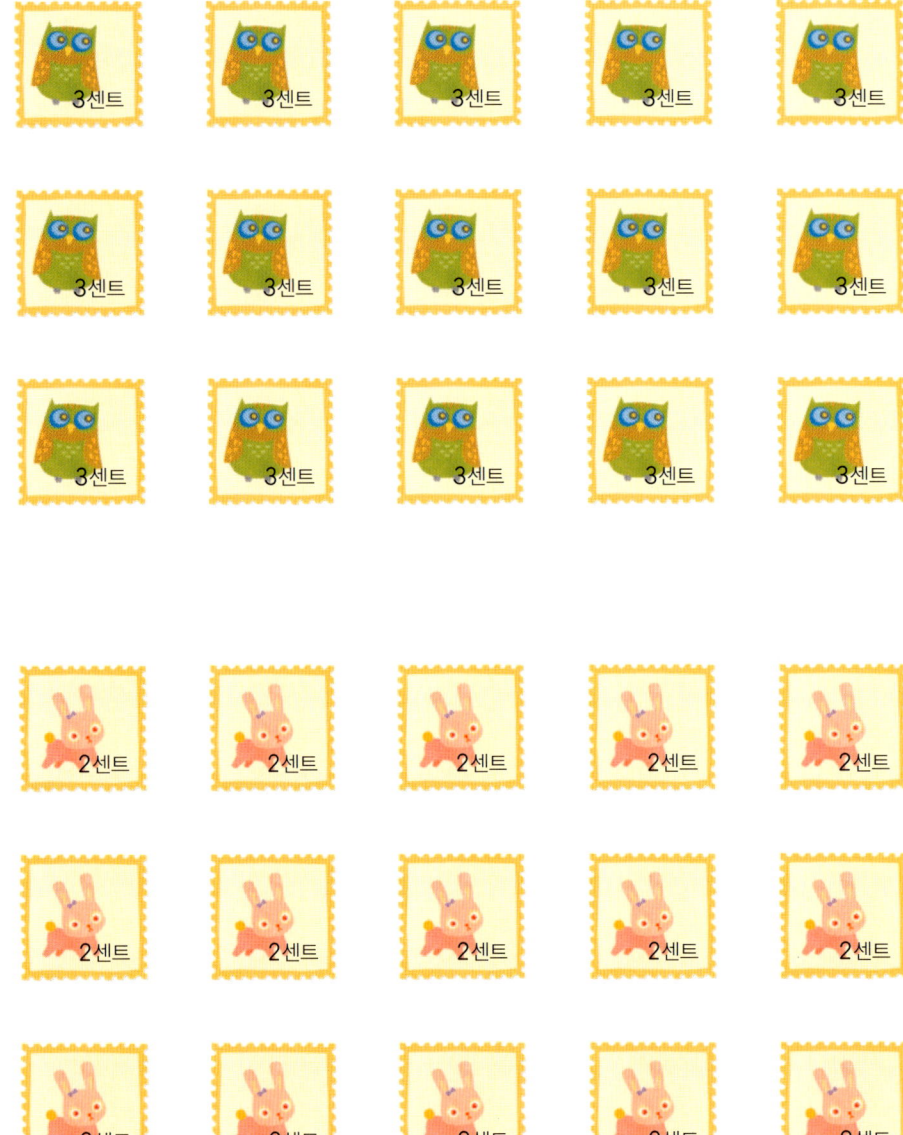

114～115쪽에 사용하세요.

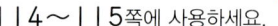

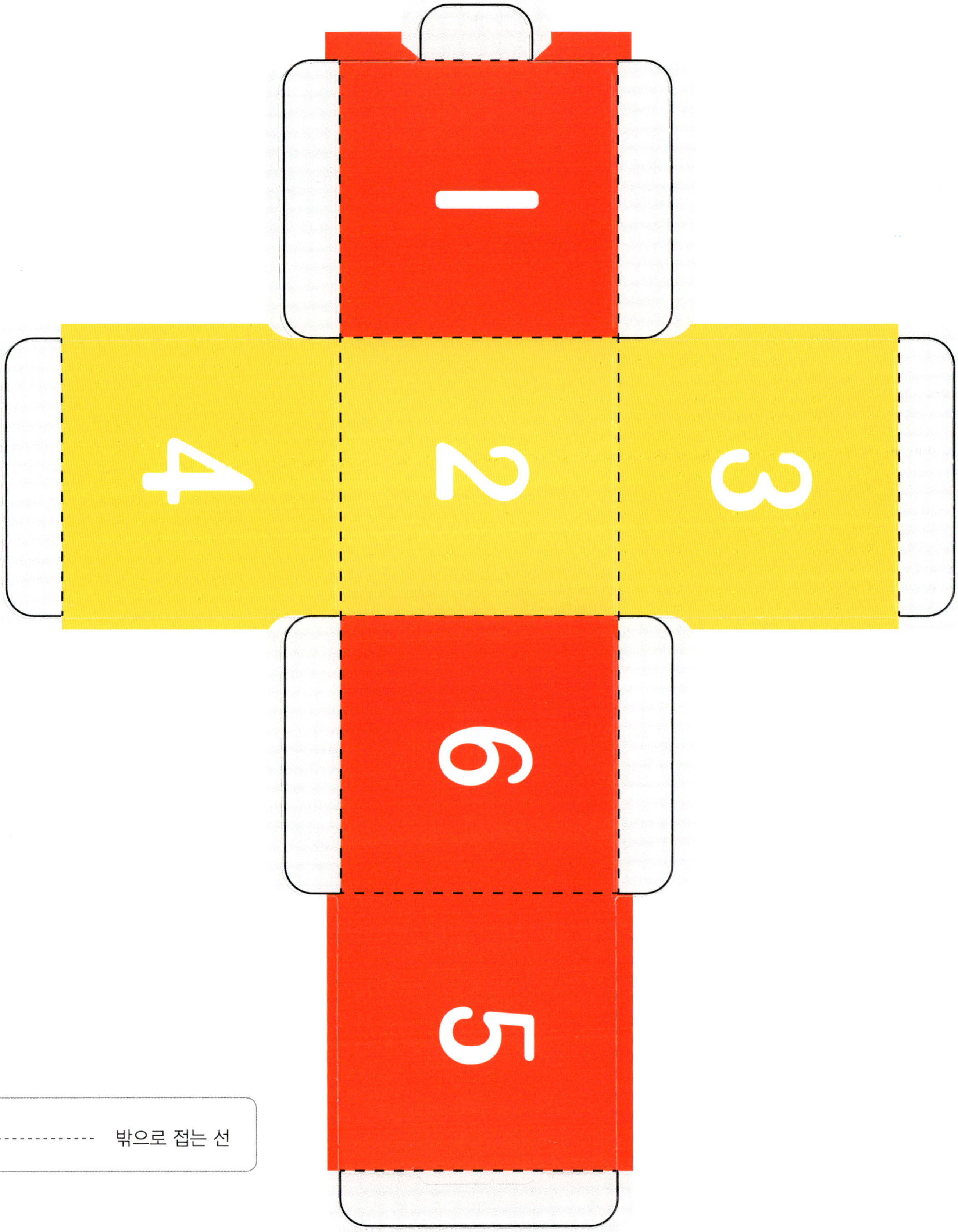

1

4 2 3

6

5

------------- 밖으로 접는 선

밖으로 접는 선

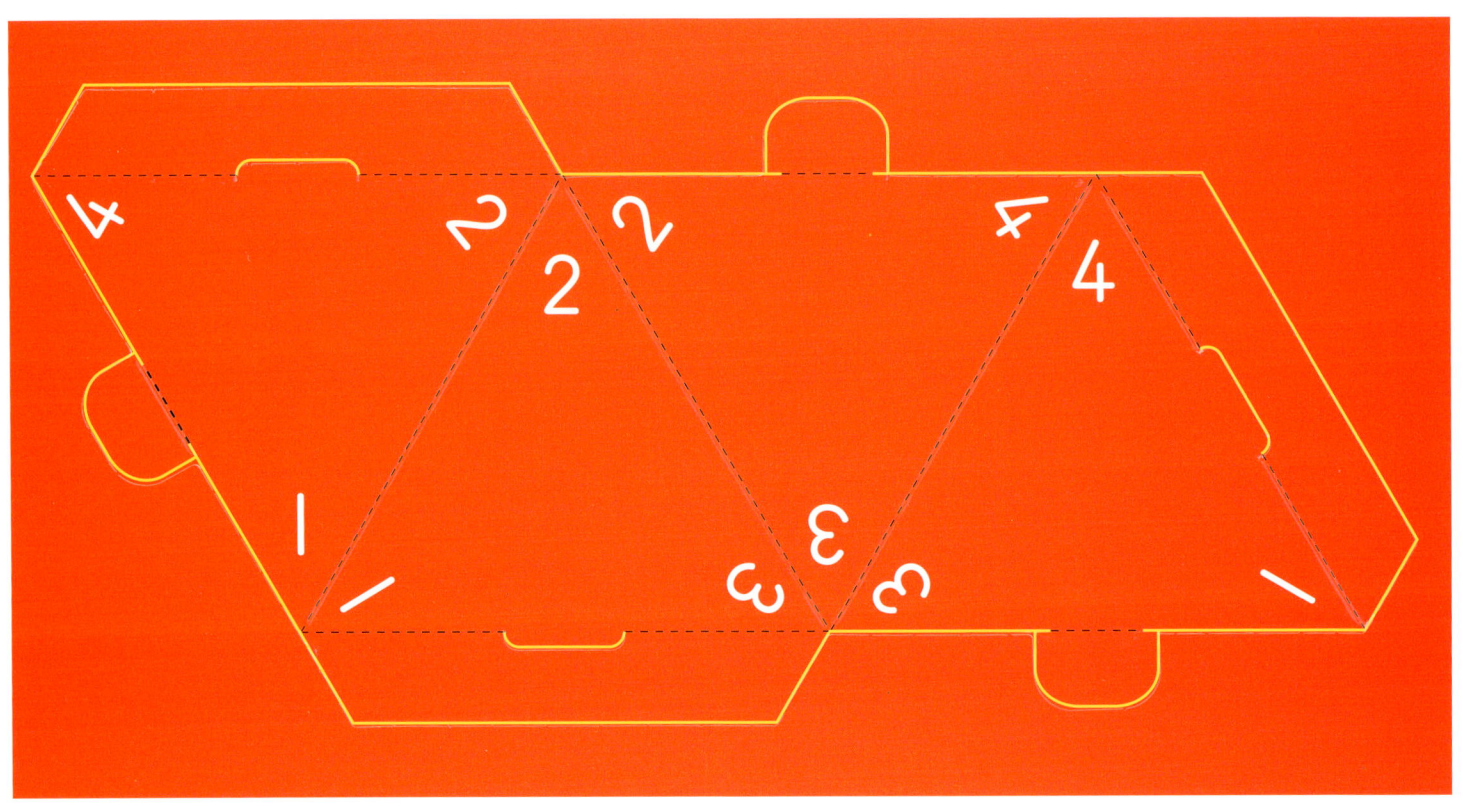

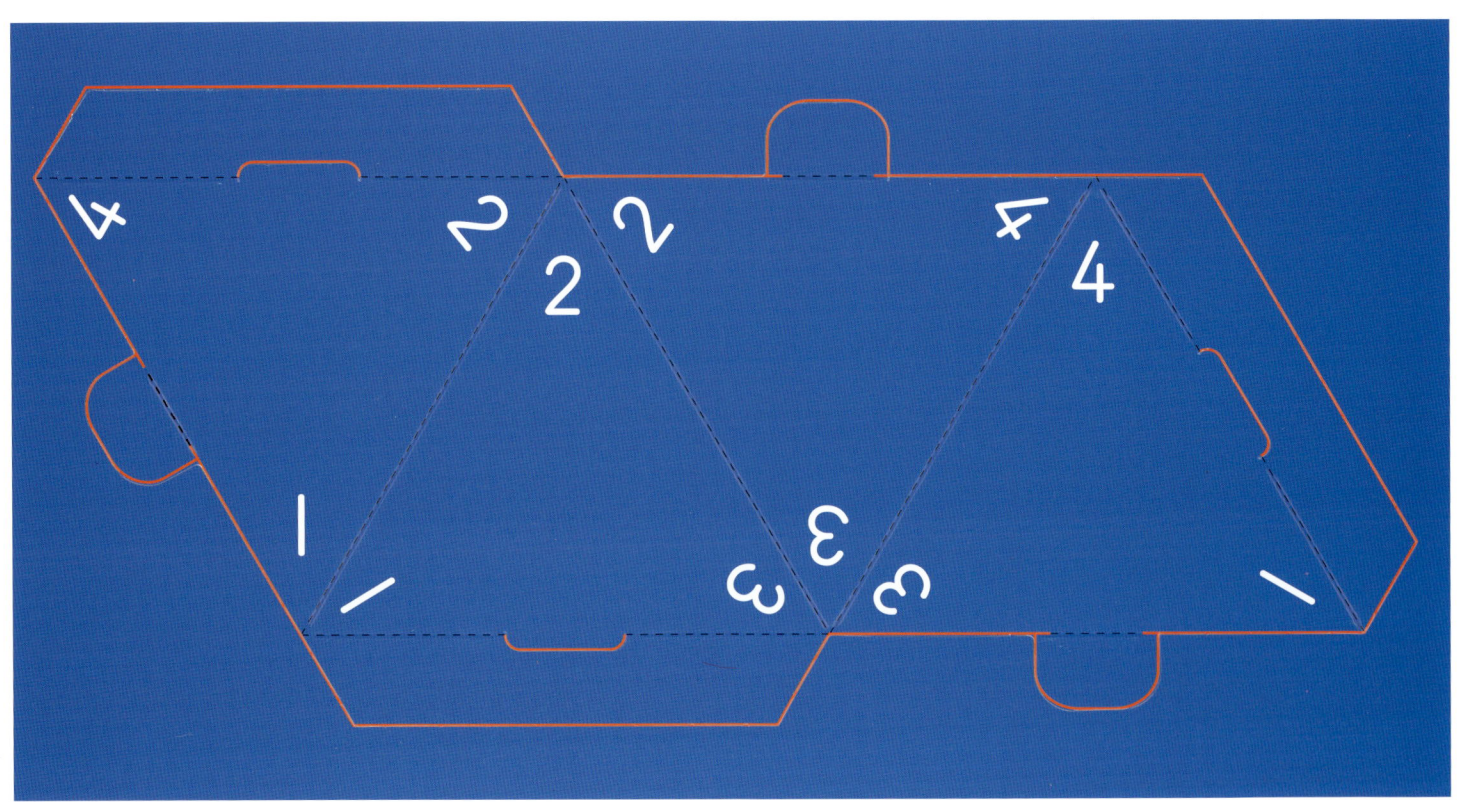

한 번만 읽을 수 있는 책

우리의 삶은 한 권의 책과 같다.
어리석은 이는 그것을 마구 넘겨 버리지만,
현명한 이는 열심히 읽는다.
인생은 단 한 번만 읽을 수 있다는 것을
알기 때문이다.

장 파울 (Jean Paul)

한 번 지나간 시간은 돌아오지 않습니다. 어제와 똑같은 오늘이 반복되는 것처럼 보일지라도
사실 우리는 인생이라는 한 권의 책을 완성해 가는 동안 늘 새로운 시간들과 마주치게 되는 것이죠.
매일 새롭게 넘겨지는 '오늘'이라는 책장, 오늘 하루도 열심히 읽어보세요!

우리 아이의 수학적 잠재력을 깨워주는

창의력 수학 노크

Knock! Knock!

학부모 가이드

수학박물관으로
배우는 수학

C4

천재교육

학부모 가이드

우리 아이의
수학적 잠재력을 깨워주는 **창의력 수학**

C4

I 고대의 수

✤ 단원소개

수학에서 기본적으로 사용하는 수는 다양한 방법으로 나타낼 수 있습니다. 옛날에는 수를 어떤 방법으로 나타내었는지 알아보고, 규칙을 찾아 직접 나타낼 수 있으며, 현재 사용하는 아라비아 수와 연관지어 학습할 수 있도록 구성하였습니다.

✤ 학습목표

1 바빌로니아 수의 특징과 규칙을 찾고, 바빌로니아 수를 이용하여 간단한 연산을 하게 합니다.
2 이집트 수의 특징과 규칙을 찾고, 이집트 수를 해석하여 아라비아 수로 나타낼 수 있게 합니다.
3 산가지로 나타내는 수의 특징과 규칙을 찾고, 산가지를 이용하여 간단한 연산을 하게 합니다.
4 마야 수의 특징과 규칙을 찾고, 마야 수를 이용하여 간단한 연산을 하게 합니다.

✤ 스토리 동기유발

진흙판과 돌, 벽에 새겨진 모양이 고대 사람들이 사용했던 수를 나타내며, 수를 표현하고 계산을 하기 위한 도구로 손과 막대를 사용했다는 내용을 담은 이야기입니다.

14 · 15

우리가 지금 사용하는 아라비아 숫자가 없었을 때, 수를 나타내는 다양한 방법을 생각해 봅니다. 밧줄로 나타내는 방법과 돌에 나타내는 방법의 특징과 장점, 단점에 대하여 이야기해 볼 수 있습니다. 조금 더 학습하고 싶다면 13보다 더 큰 수를 두 방법으로 나타내어 보게 하는 것도 좋습니다.

📖 개념 알기 1   바빌로니아 수

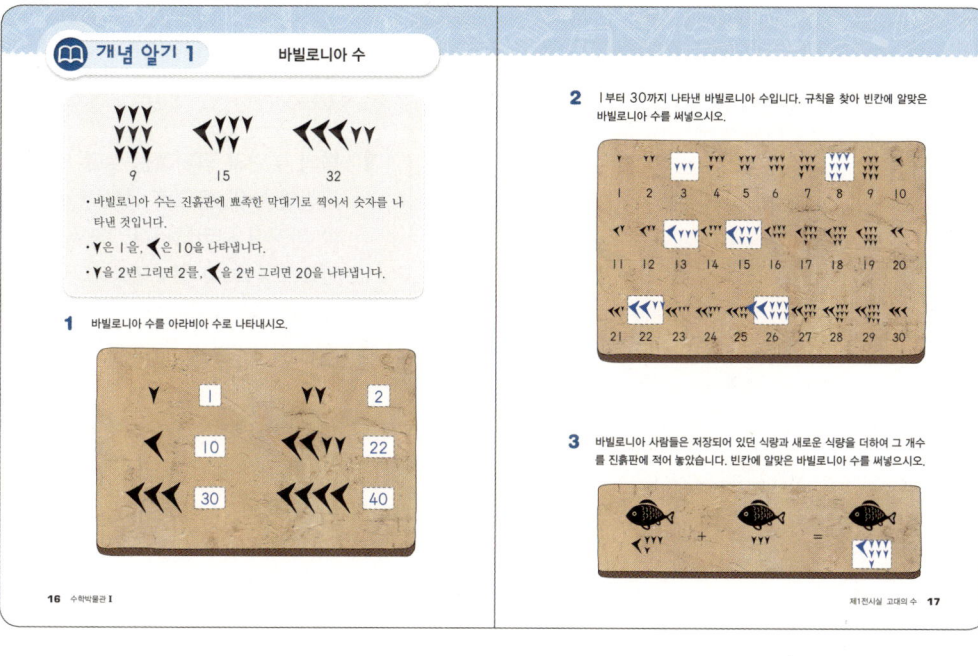

바빌로니아 수의 특징과 규칙을 알아 보고, 주어진 수를 바빌로니아 수로 나타냅니다.

1 바빌로니아 수의 규칙에 따라 주어진 수를 아라비아 수로 나타냅니다.

2 수가 커질수록 모양의 개수가 많아지고, 10단위로 모양이 바뀌는 것을 확인하여 주어진 수를 바빌로니아 수로 나타냅니다.

3 바빌로니아 수를 사용하여 덧셈을 합니다. 아라비아 수로 바꾸어 더한 다음 그 수를 바빌로니아 수로 나타내게 합니다.

📖 개념 알기 2   이집트 수

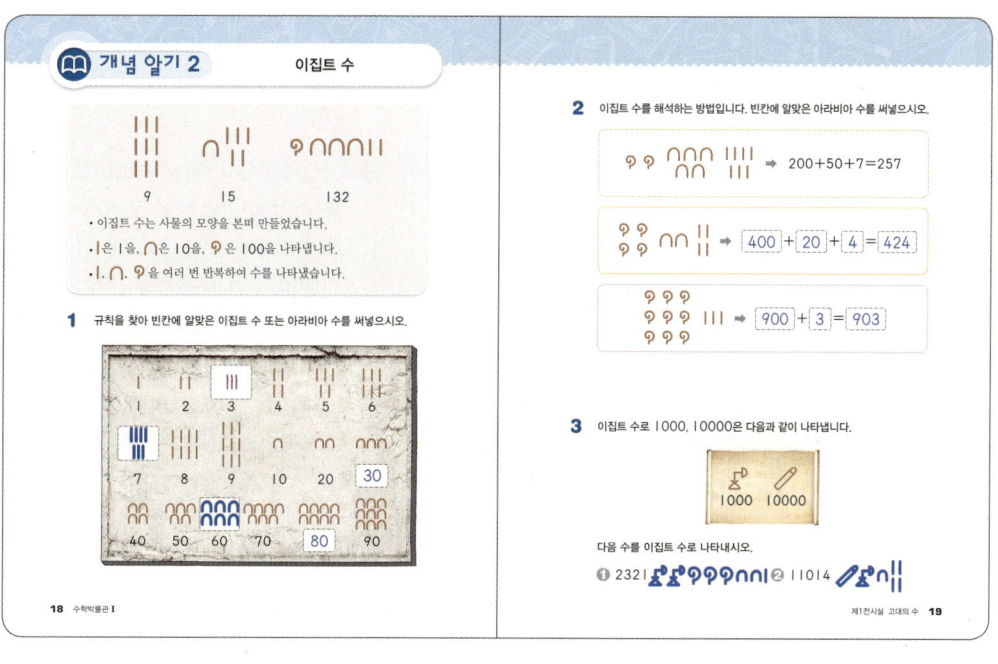

이집트 수의 특징과 규칙을 알아 보고, 주어진 수를 이집트 수로 나타냅니다.

1 수가 커질수록 같은 모양의 개수가 많아지는 것을 보고, 이집트 수를 나타내는 규칙을 알 수 있게 합니다.

2 이집트 수를 일, 십, 백의 자리로 나누고 더하여 아라비아 수로 나타낼 수 있습니다.

3 이집트 수 1000, 10000을 이용하여 주어진 아라비아 수를 이집트 수로 나타냅니다.

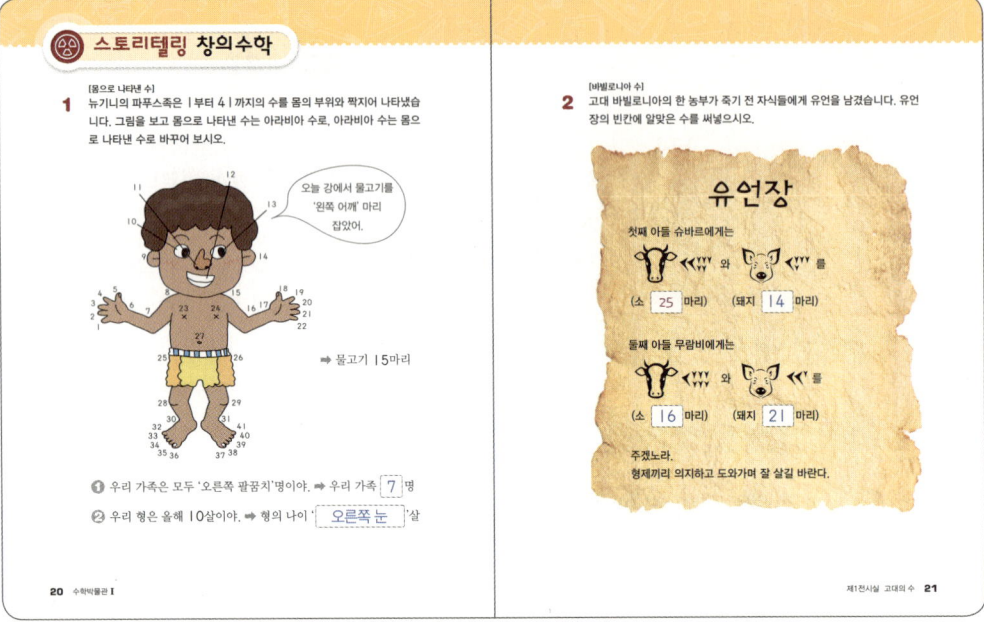

1 몸의 부위와 짝지어진 수를 찾아 아라비아 수와 몸으로 나타낸 수를 서로 바꾸어 나타냅니다. 자신만의 방법으로 41보다 큰 수를 나타내어 보게 해도 좋습니다.

2 바빌로니아 수를 아라비아 수로 바꿉니다. 바빌로니아 수를 사용하여 편지를 쓰는 활동을 해도 좋습니다.

3 이집트 수로 나타낸 피라미드의 높이를 각각 아라비아 수로 바꾸어 나타냅니다. 피라미드는 고대 이집트 왕인 파라오의 무덤이고, 피라미드 높이로 왕의 권력을 알 수 있습니다.

4 같은 모양의 계산패끼리 묶어 수를 나타내고, 수들을 더해 진흙공 속의 계산패가 나타내는 수를 구합니다.

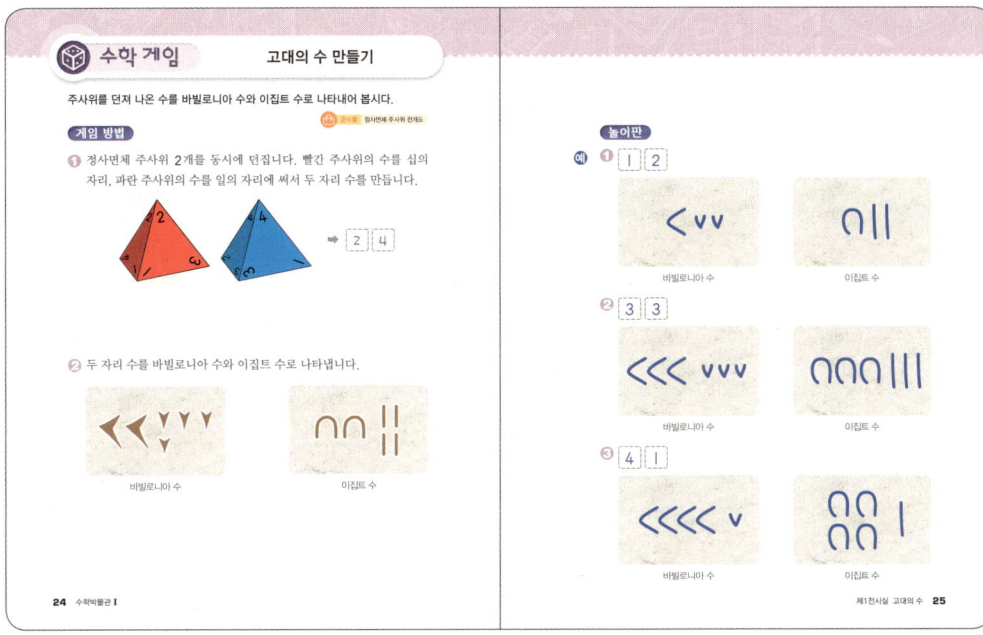

24 · 25

2개의 주사위를 던져 나온 숫자로 두 자리 수를 만든 다음, 그 수를 바빌로니아 수와 이집트 수로 나타내는 활동입니다. 주사위를 보며 정사면체는 정삼각형으로 된 면 4개로 만들어진 입체도형이라는 것을 이야기해 주어도 좋습니다.

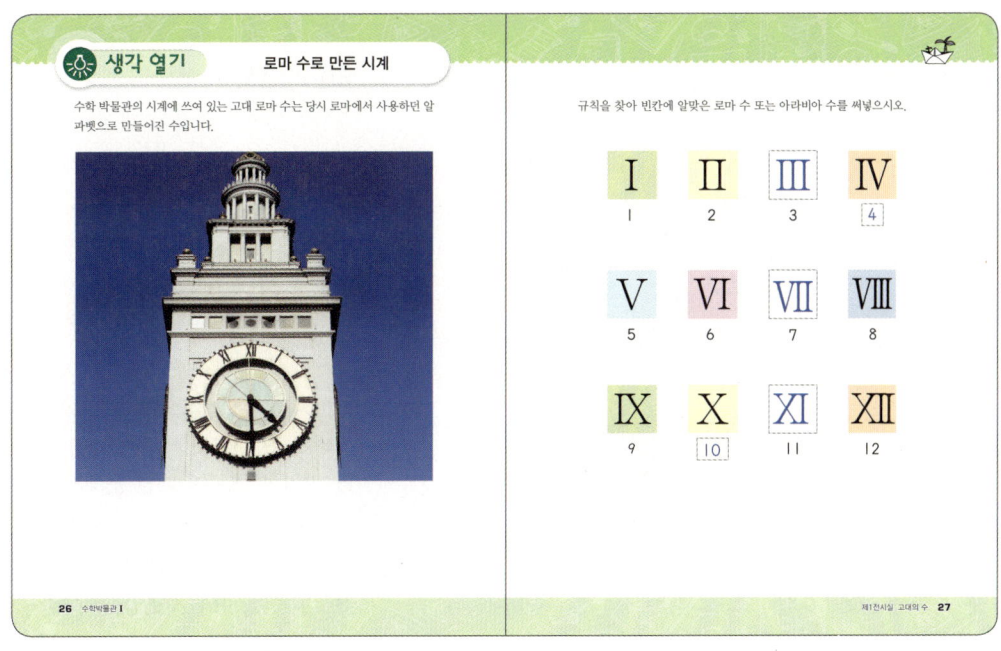

26 · 27

로마 수의 규칙을 찾아 빈칸에 알맞은 로마 수를 써 봅니다. 참고로 로마 수는 5(Ⅴ)와 10(Ⅹ)을 기준으로 왼쪽에 Ⅰ을 쓰면 1을 빼라는 뜻이고, 반대로 오른쪽에 Ⅰ를 쓰면 1을 더하라는 뜻입니다.

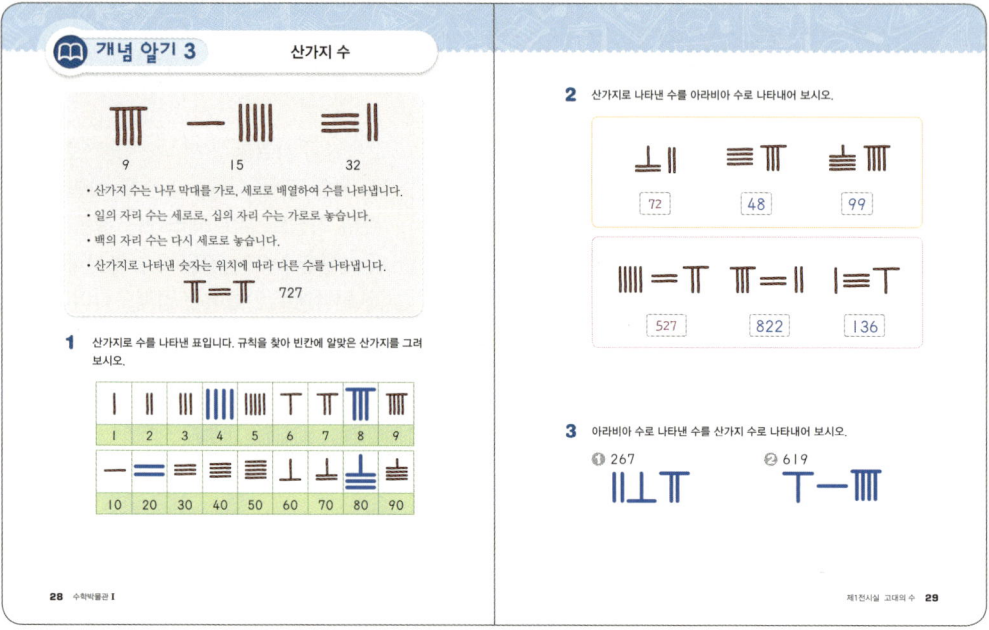

산가지로 나타낸 수의 규칙을 알고, 산가지를 직접 그려 수를 나타냅니다.

1 수가 커질수록 산가지의 개수가 많아지다가 5단위로 모양이 변하는 것을 확인하여 산가지를 그립니다.

2 일의 자리와 십의 자리를 나타내는 산가지는 방향이 다르고, 일의 자리와 백의 자리를 나타내는 산가지는 방향이 같음을 이용하여 백의 자리까지 나타낸 산가지를 읽을 수 있게 합니다.

3 산가지 수의 규칙에 따라 아라비아 수로 주어진 수를 산가지 수로 나타냅니다.

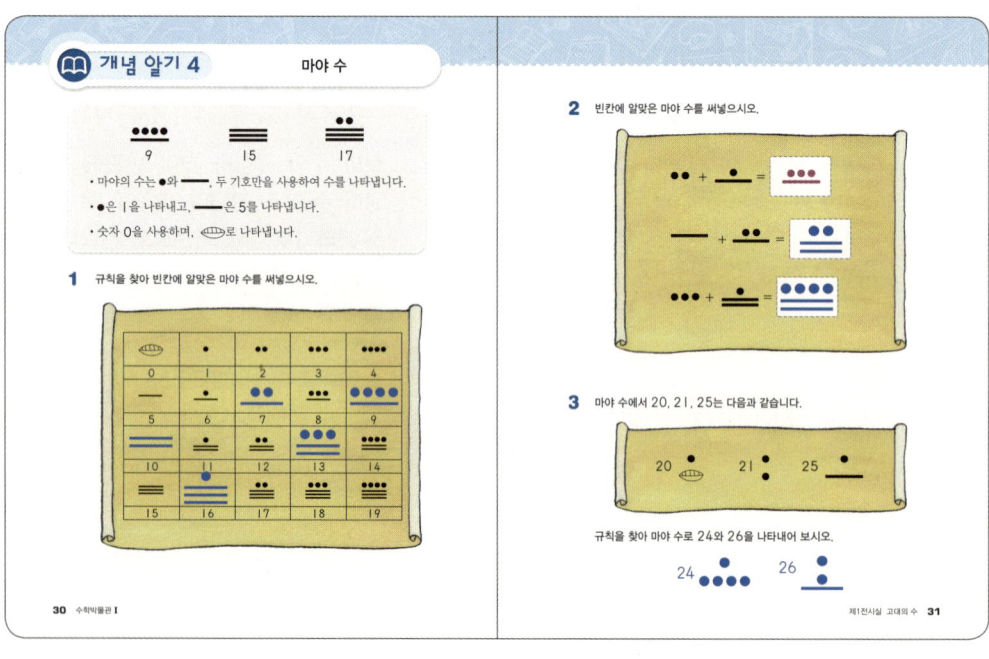

마야 수의 특징과 규칙을 알고, 마야 수로 나타냅니다.

1 수가 커질수록 모양의 개수가 많아지다가 5단위로 모양이 변하는 것을 확인하여 주어진 수를 마야 수로 나타낼 수 있습니다.

2 마야 수로 된 덧셈을 합니다. 이때, 아라비아 수로 바꾸어 더한 다음 그 수를 마야 수로 나타내면 문제를 쉽게 해결할 수 있습니다.

3 마야 수로 나타낸 20, 21, 25를 보고 규칙을 이해하여 24와 26을 마야 수로 나타냅니다.

스토리텔링 창의수학

1 [상인의 장부]
고구려 상인의 부채 판매 장부입니다. 어제와 오늘 이틀 동안 부채를 각각 몇 개씩 팔았는지 아라비아 수로 나타내어 보시오.

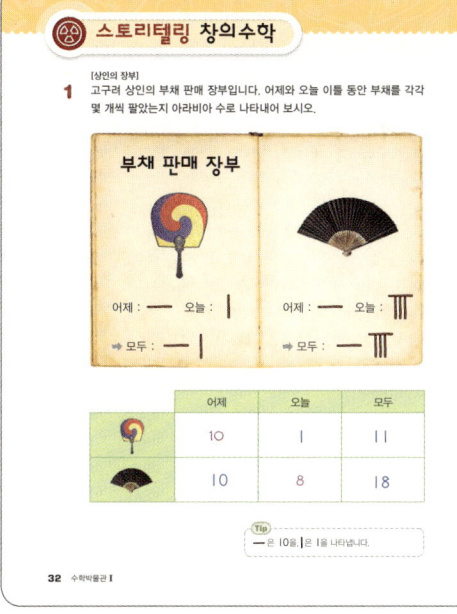

	어제	오늘	모두
(팽이)	10	1	11
(부채)	10	8	18

> **Tip**
> ━은 10을, l은 1을 나타냅니다.

2 [스위스 수]
기원전 200년경 고대 스위스 사람들이 사용하던 스위스 수입니다. 스위스 농부의 가축은 모두 몇 마리였는지 아라비아 수로 나타내어 보시오.

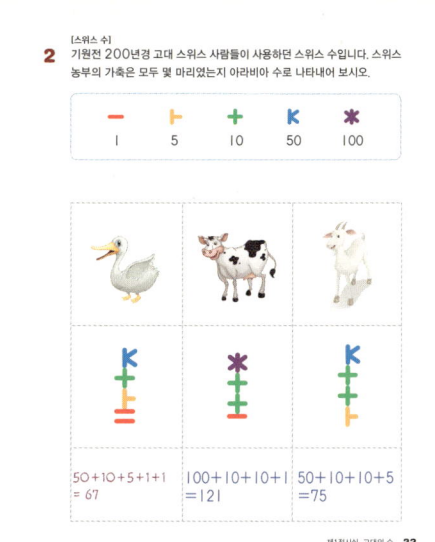

50+10+5+1+1 = 67   100+10+10+1 =121   50+10+10+5 =75

---

32 · 33

1 산가지의 덧셈에서 규칙을 찾아 산가지로 바로 계산할 수 있도록 하고, 만약 어려워한다면 아라비아 수로 바꾼 다음 계산하여 다시 산가지로 나타내게 합니다.

2 스위스 수의 특징과 규칙을 알아 보고, 스위스 수를 아라비아 수로 바꿀 수 있게 합니다. 수를 하나씩 끊어서 확인하는 것이 중요합니다.

스토리텔링 창의수학

3 [중국의 수]
중국의 한 유적지에서 치나족의 족장을 뽑았던 흔적을 찾았습니다. 수 세는 방법이 2가지로 기록되었고, 족장의 이름은 돌이 깨져서 보이지 않습니다. 두 사람이 받은 표의 수를 쓰고 당선된 족장의 이름에 ○표 하시오.

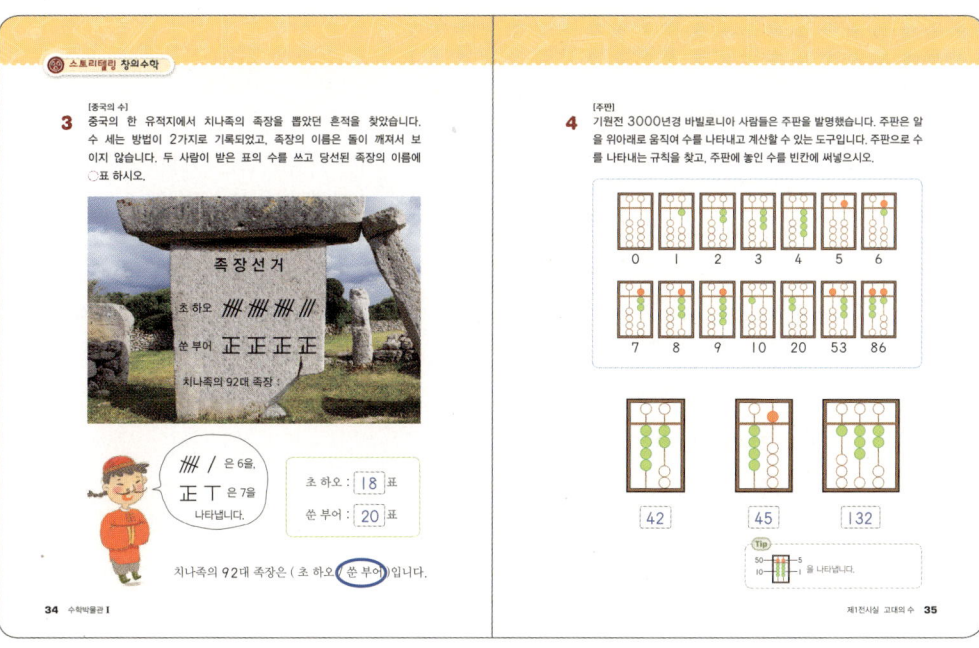

초 하오 : 18 표
쑨 부어 : 20 표

치나족의 92대 족장은 (초 하오, (쑨 부어))입니다.

4 [주판]
기원전 3000년경 바빌로니아 사람들은 주판을 발명했습니다. 주판은 알을 위아래로 움직여 수를 나타내고 계산할 수 있는 도구입니다. 주판으로 수를 나타내는 규칙을 찾고, 주판에 놓인 수를 빈칸에 써넣으시오.

0	1	2	3	4	5	6
7	8	9	10	20	53	86

42   45   132

> **Tip**
> 50━ ━5
> 10━ l을 나타냅니다.

---

34 · 35

3 힌트를 보고 5개 묶음으로 수를 세는 두 가지 방법의 특징과 규칙을 찾아 봅니다. 다른 방법으로 나타낸 두 수를 읽고, 더 큰 수를 고를 수 있습니다. 우리 주변에서도 많이 사용하는 방법임을 설명해 줍니다.

4 주판의 규칙을 찾아 주판으로 나타낸 수를 읽을 수 있습니다. 위로 한 칸 올라간 빨간색 구슬은 '5'를, 주판 사이에 비어있는 공간은 '0'을 의미한다는 것에 주의하며 주판을 읽습니다.

II 밧줄과 저울

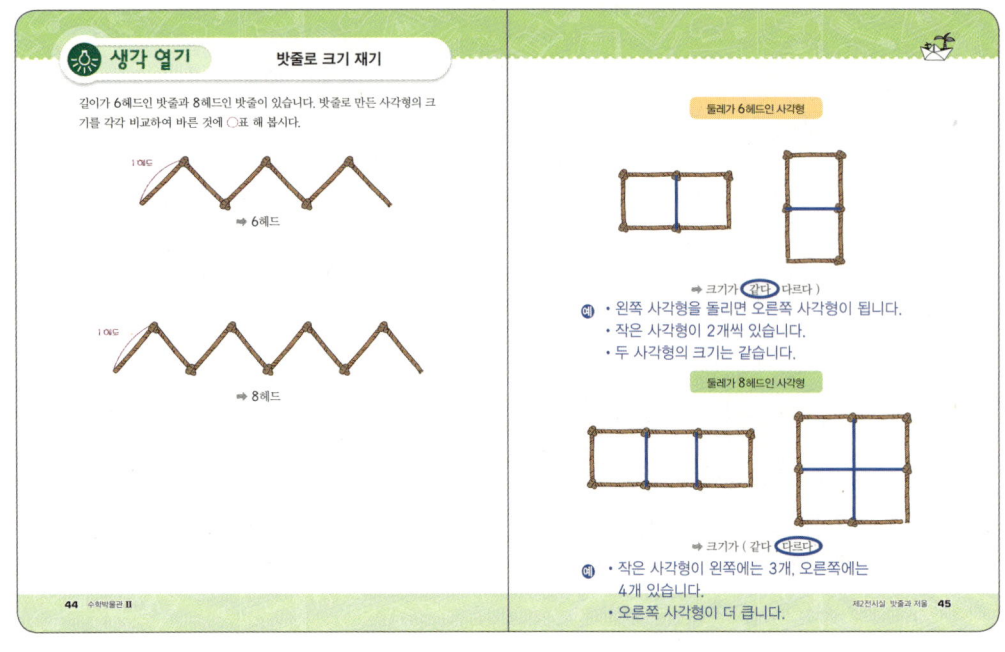

44 45

기본 단위로 잡은 '1헤드'의 의미를 간단히 설명해 줍니다. 같은 길이의 밧줄로 만든 서로 다른 모양을 보고, 크기가 같은지, 다른지 구분할 수 있도록 합니다. 정확한 크기를 비교하고 싶다면 점을 연결하여 작은 사각형을 만든 후, 사각형의 개수를 세어 크기를 비교합니다.

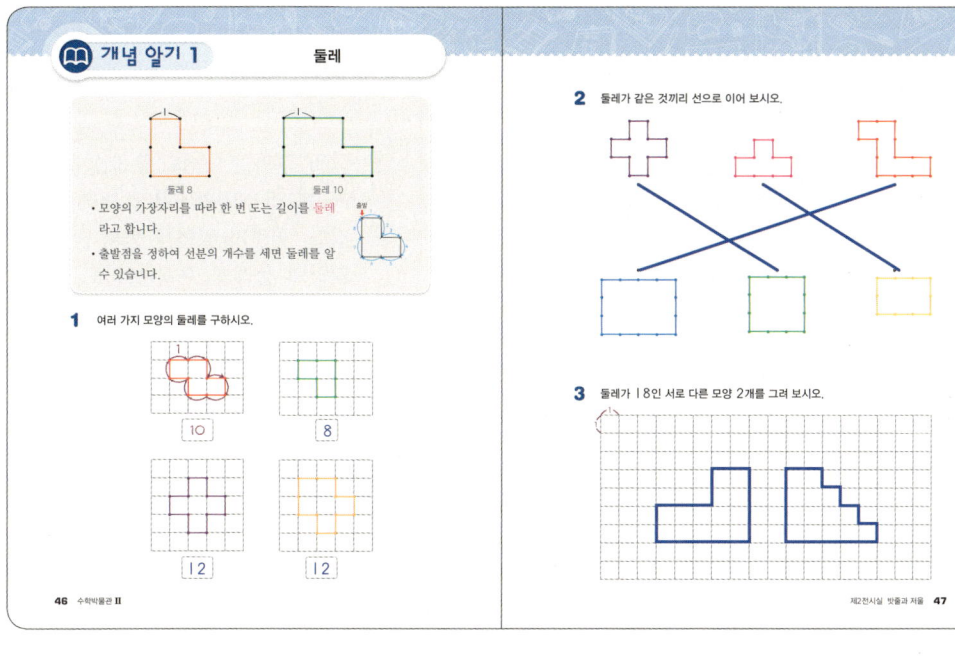

둘레의 뜻을 알고, 단위 길이를 이용하여 여러 가지 모양의 둘레를 구합니다.

1 단위 길이의 개수를 세어 주어진 모양의 둘레를 구합니다. 다른 모양이 지만 둘레가 같은 것을 찾아보게 합니다.

2 모양은 다르지만 둘레는 같을 수 있다는 것을 이해하고, 둘레가 같은 모양을 연결합니다.

3 단위 길이를 이용하여 둘레가 18인 여러 가지 모양을 그려볼 수 있도록 합니다.

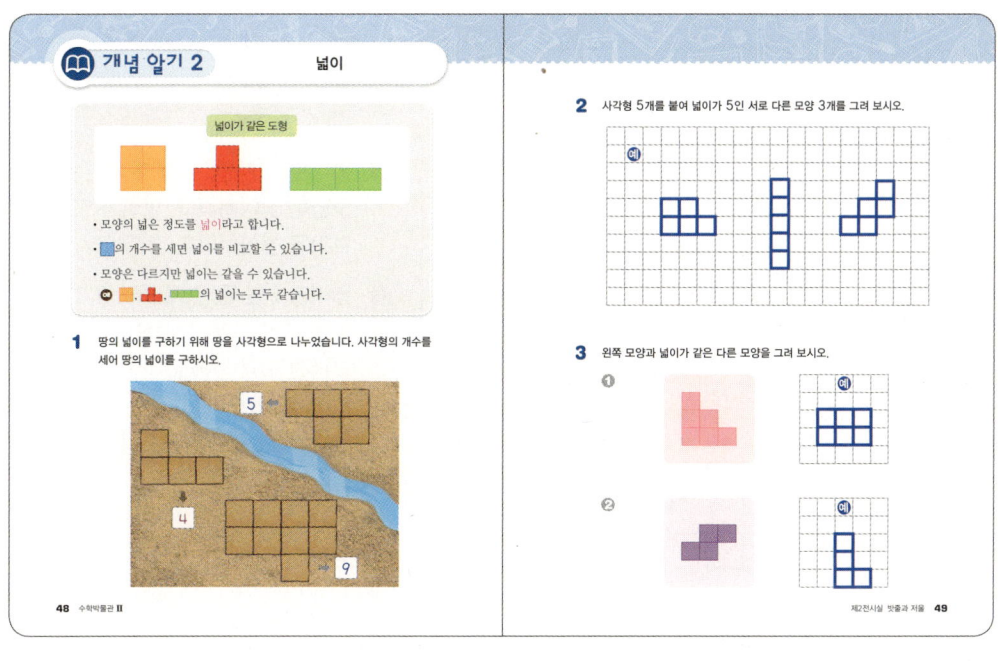

넓이의 뜻을 알고, 작은 사각형을 이용하여 주어진 모양의 넓이를 구합니다.

1 작은 사각형의 개수를 세어 넓이를 구합니다. 이때, 작은 사각형은 전체 넓이를 구하기 위해 필요한 단위 넓이입니다.

2 작은 정사각형 5개로 서로 다른 모양을 만듭니다. 이때, 돌리거나 뒤집어서 겹쳐지는 모양은 같은 모양임을 설명해 줍니다.

3 주어진 모양의 넓이를 알아보고, 넓이가 같은 다른 모양을 그리면서 넓이가 같아도 모양이 다를 수 있음을 이해합니다.

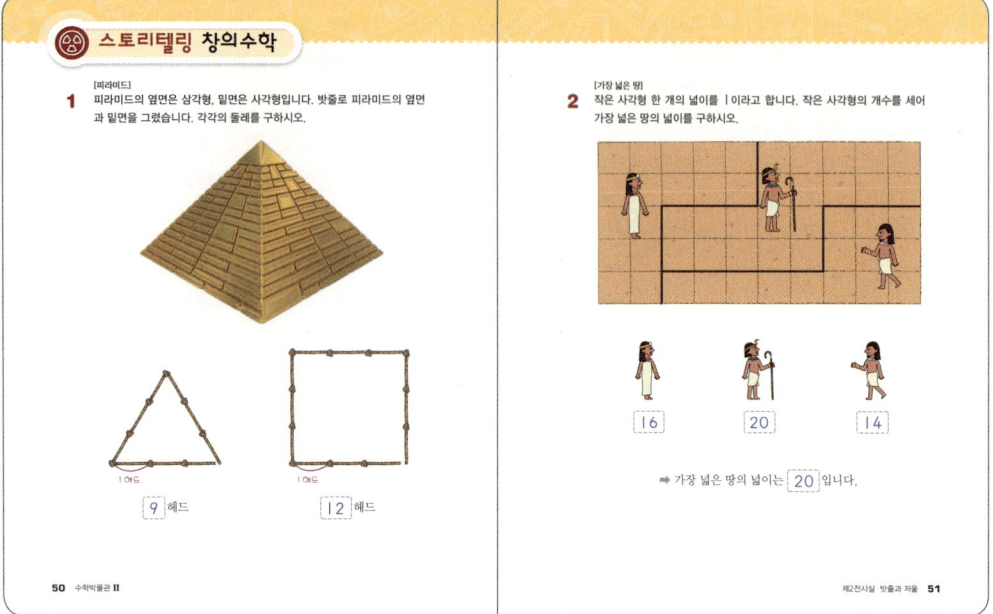

스토리텔링 창의수학

1 [피라미드]
피라미드의 옆면은 삼각형, 밑면은 사각형입니다. 밧줄로 피라미드의 옆면과 밑면을 그렸습니다. 각각의 둘레를 구하시오.

9 헤드   12 헤드

2 [가장 넓은 땅]
작은 사각형 한 개의 넓이를 1이라고 합니다. 작은 사각형의 개수를 세어 가장 넓은 땅의 넓이를 구하시오.

16   20   14

➡ 가장 넓은 땅의 넓이는 20 입니다.

50 수학박물관 II   제2전시실 밧줄과 저울 51

50 · 51

1 단위 길이인 '1헤드'를 이용하여 피라미드의 옆면과 밑면의 둘레를 구합니다. 옆면과 밑면을 합쳐 만들어진 모양의 둘레를 구해 보아도 좋습니다. 두 면을 합치면 만나는 부분의 선이 없어지기 때문에 새로운 모양의 둘레는 15헤드입니다.

2 작은 사각형을 세어 땅의 넓이를 구하고, 땅의 넓이를 비교하여 가장 넓은 땅을 찾습니다. 이때, 작은 사각형 하나의 넓이는 1입니다.

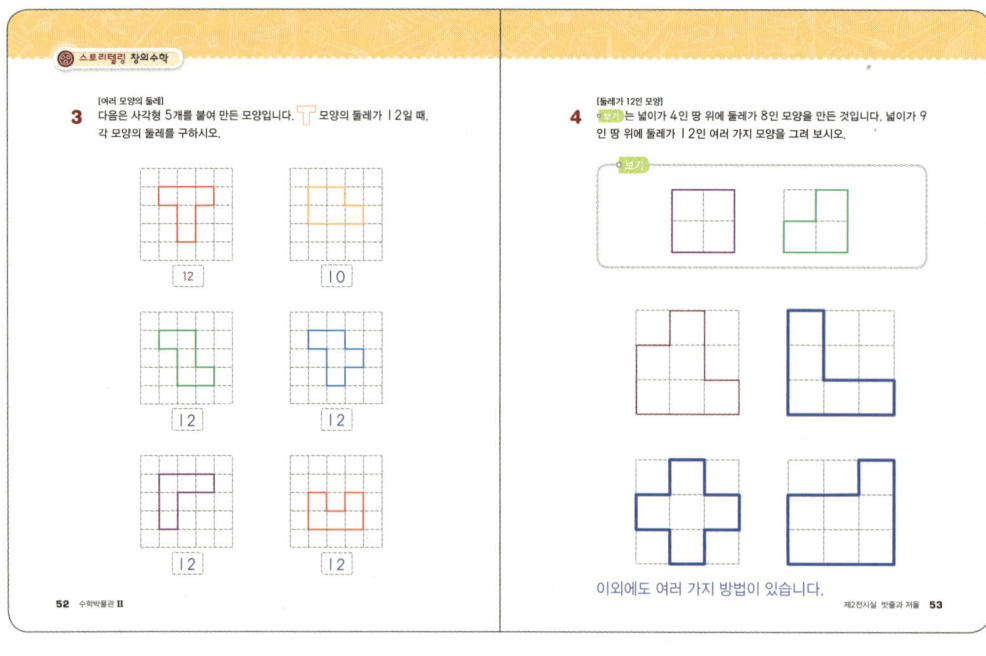

스토리텔링 창의수학

3 [여러 모양의 둘레]
다음은 사각형 5개를 붙여 만든 모양입니다. ⊤ 모양의 둘레가 12일 때, 각 모양의 둘레를 구하시오.

12   10

12   12

12   12

4 [둘레가 12인 모양]
빨간색는 넓이가 4인 땅 위에 둘레가 8인 모양을 만든 것입니다. 넓이가 9인 땅 위에 둘레가 12인 여러 가지 모양을 그려 보시오.

보기

이외에도 여러 가지 방법이 있습니다.

52 수학박물관 II   제2전시실 밧줄과 저울 53

52 · 53

3 넓이는 같지만, 둘레가 다른 하나의 모양을 찾아봅니다. 넓이가 5인 다른 모양을 찾아보아도 좋습니다.

4 넓이가 9인 땅 위에 둘레가 12인 모양을 다양하게 그려봅니다. 답안에 그려진 모양 외에도 다양한 모양으로 그릴 수 있으니 아이가 그린 모양의 둘레가 12인지 확인합니다.

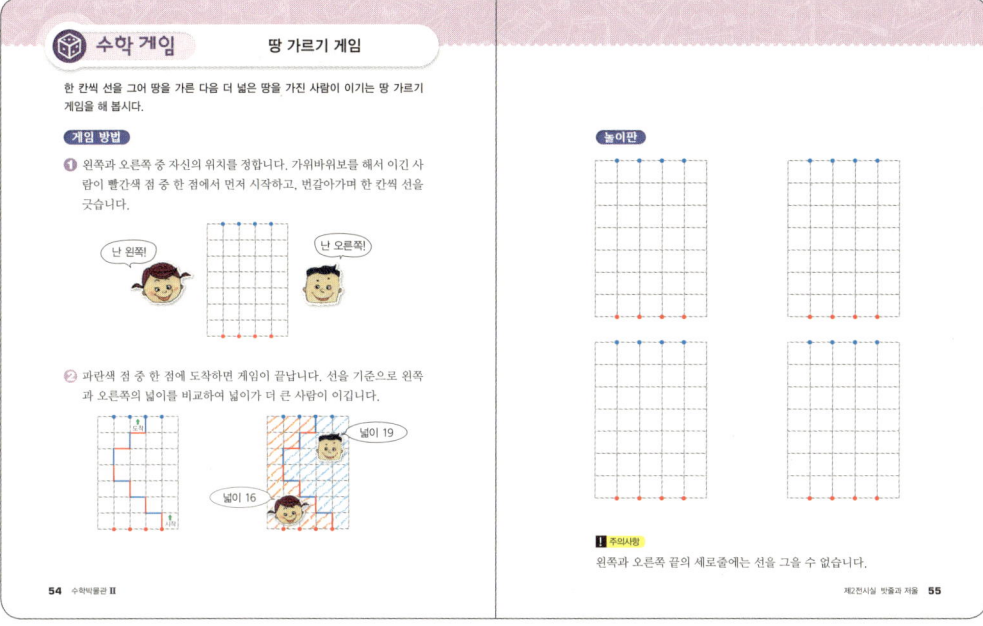

오른쪽, 왼쪽을 먼저 정한 다음 자신이 선택한 방향의 땅이 더 넓은 땅이 될 수 있도록 선을 긋는 게임입니다. 맨 왼쪽과 맨 오른쪽에는 선을 긋지 않도록 주의하며, 어느 쪽으로 선을 그어야 자신에게 유리할지 생각하며 선을 이어갑니다. 4개의 빨간 점에서 한 번씩 출발해 보면서 어느 점에서 출발하는 것이 자기에게 유리한지 생각해 볼 수 있습니다.

1, 2, 3의 무게로 5의 무게를 만들어 봅니다. 한 번에 만드는 방법 외에도 같은 무게의 추를 여러 번 사용하는 방법이 있음을 설명해 줍니다. 1, 2, 3의 무게로 5인 무게를 만드는 방법입니다.

1, 1, 1, 1, 1 → 저울 5번 사용

1, 1, 1+2 → 저울 3번 사용

1, 1+3 → 저울 2번 사용

1+2, 2 → 저울 2번 사용

2+3 → 저울 1번 사용

📖 개념 알기 3 저울

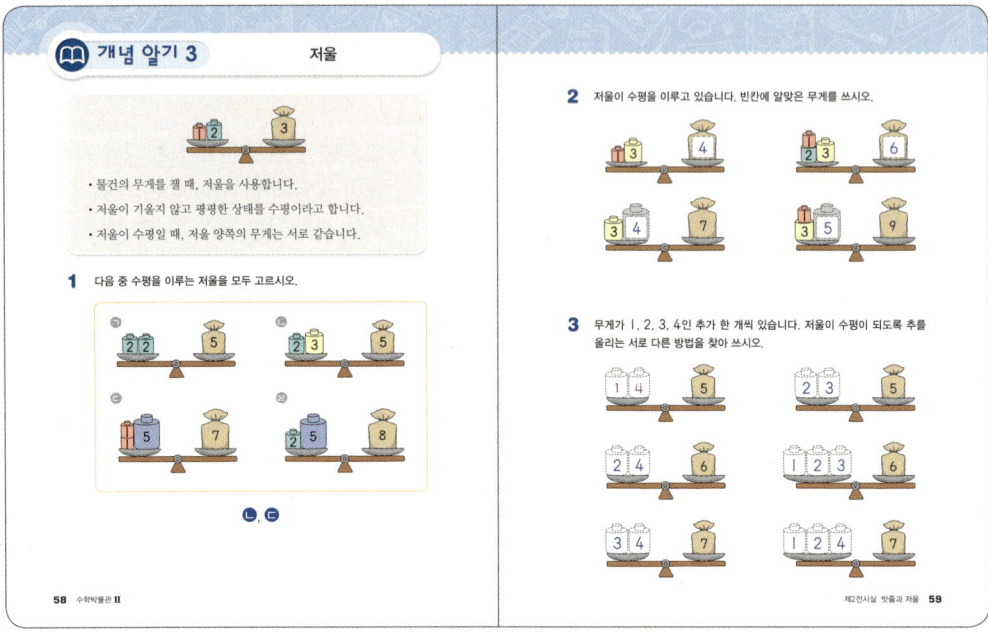

- 물건의 무게를 잴 때, 저울을 사용합니다.
- 저울이 기울지 않고 평평한 상태를 수평이라고 합니다.
- 저울이 수평일 때, 저울 양쪽의 무게는 서로 같습니다.

1 다음 중 수평을 이루는 저울을 모두 고르시오.

㉠ ㉡ ㉢ ㉣

ㄴ, ㄷ

58 수학박물관 Ⅱ

2 저울이 수평을 이루고 있습니다. 빈칸에 알맞은 무게를 쓰시오.

3 무게가 1, 2, 3, 4인 추가 한 개씩 있습니다. 저울이 수평이 되도록 추를 올리는 서로 다른 방법을 찾아 쓰시오.

제2전시실 밧줄과 저울 59

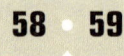

저울이 수평일 때, 양쪽의 무게가 같다는 것을 알고, 추의 무게와 물건의 무게를 구합니다.

1 저울의 양쪽의 무게가 같아야 수평이 된다는 것을 이해하였는지 알아봅니다.

2 추의 무게를 모두 더하면 물건의 무게가 됩니다.

3 같은 무게를 여러 가지 방법으로 재어 보는 활동은 수의 연산에 도움이 됩니다. 하나의 저울에 같은 추를 여러 번 사용할 수 없다는 것에 주의합니다.

📖 개념 알기 4 식으로 나타낸 저울

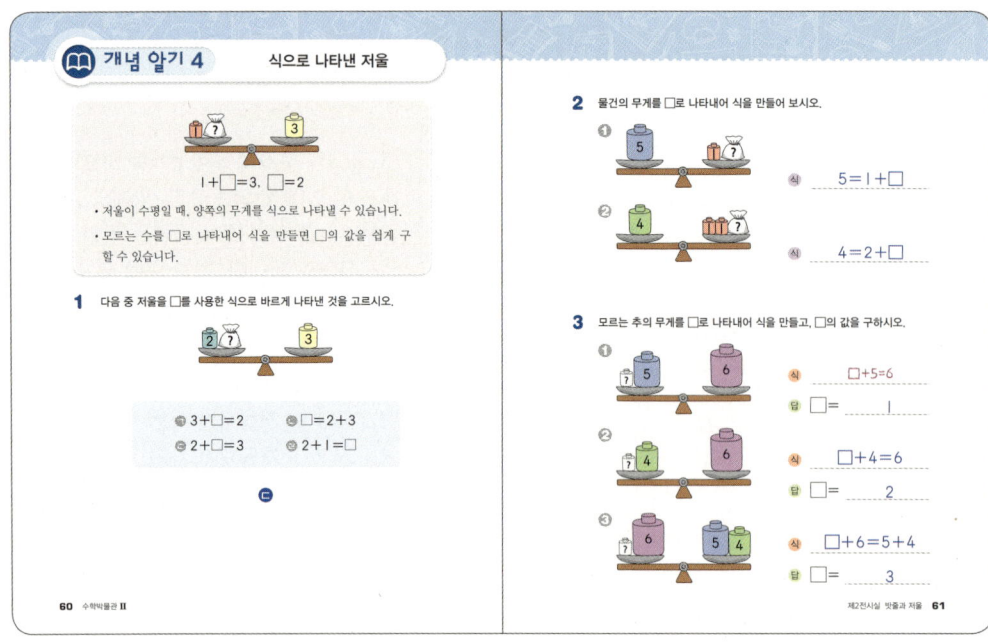

1+□=3, □=2

- 저울이 수평일 때, 양쪽의 무게를 식으로 나타낼 수 있습니다.
- 모르는 수를 □로 나타내어 식을 만들면 □의 값을 쉽게 구할 수 있습니다.

1 다음 중 저울을 □를 사용한 식으로 바르게 나타낸 것을 고르시오.

㉠ 3+□=2   ㉡ □=2+3
㉢ 2+□=3   ㉣ 2+1=□

㉢

60 수학박물관 Ⅱ

2 물건의 무게를 □로 나타내어 식을 만들어 보시오.

① 식 5=1+□

② 식 4=2+□

3 모르는 추의 무게를 □로 나타내어 식을 만들고, □의 값을 구하시오.

① 식 □+5=6
  답 □= 1

② 식 □+4=6
  답 □= 2

③ 식 □+6=5+4
  답 □= 3

제2전시실 밧줄과 저울 61

저울의 수평과 연관지어 등식을 이해합니다. 등식을 이용하여 추와 물건의 무게를 구합니다.

1 등식을 이용하여 저울의 상태를 나타낼 수 있는지 알아봅니다.

2 저울이 수평인 상태에서 등식이 성립함을 알려주고, □가 있는 덧셈식을 쓸 수 있도록 도와줍니다.

3 등식을 이용하여 추의 무게를 구할 수 있도록 도와줍니다. 만약 아이가 어려워한다면 수평의 성질을 이용하여 추의 무게를 구한 다음, 등식을 완성시켜도 좋습니다.

스토리텔링 창의수학

1 [쌀의 무게]
피보나치는 아버지가 남겨놓은 메모를 보았습니다. 저울의 빈 곳에 알맞은 추를 그려 보시오.

> **내 아들 피보나치에게**
> 30분 후 손님이 쌀을 가지러 올 것이다.
> 그 전에 가게에 있는 무게가 1, 2, 4인 추를 사용하여,
> 쌀을 1부터 7까지 모두 담아놓아야 한다.
> 1, 2, 4의 무게는 금방 잴 수 있으니,
> 3, 5, 6, 7만 무게를 재어 봉지에 담아두거라.
> 시간이 얼마 없으니 각각 한 번에 재어 담아야 한다.

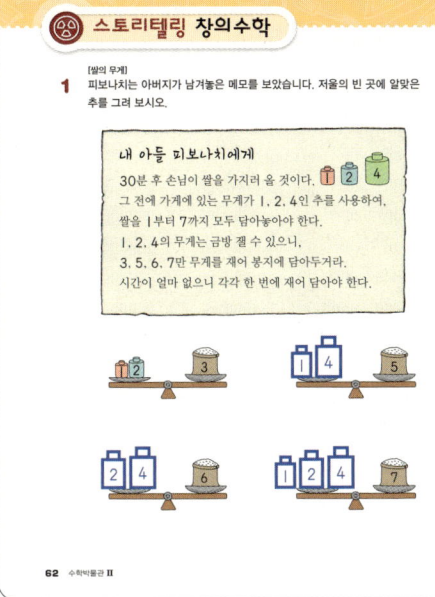

2 [벽돌의 길이]
길이가 1, 3, 9인 벽돌만 사용하여 다양한 길이의 벽돌을 만들 수 있습니다. 길이가 5인 회색 벽돌을 만드는 과정을 보고, 같은 방법으로 다른 길이의 벽돌을 만들어 보시오.

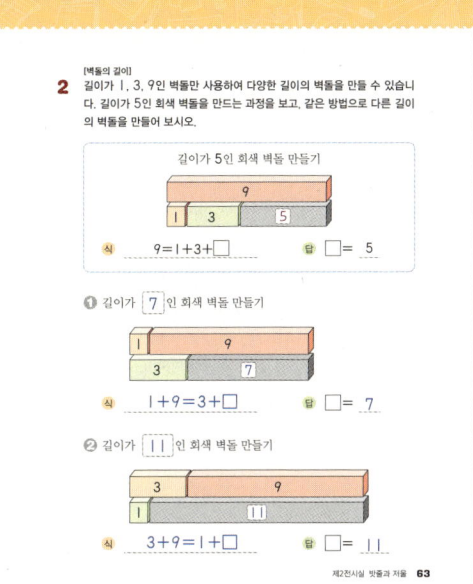

길이가 5인 회색 벽돌 만들기
식 9=1+3+□ 답 □ = 5

❶ 길이가 7인 회색 벽돌 만들기
식 1+9=3+□ 답 □ = 7

❷ 길이가 11인 회색 벽돌 만들기
식 3+9=1+□ 답 □ = 11

62 · 63

1 '한 번에 재는 것=저울을 한 번만 사용하는 것'을 알게 합니다. 문제를 해결한 후, 한 번에 재는 것 외에 저울을 여러 번 사용하여 재는 방법도 이야기해 봅니다.
1+2, 2 : 저울을 2번 사용합니다.

2 □가 있는 덧셈식을 사용하여 벽돌의 길이를 구하는 문제입니다. Tip) 주어진 세 개의 벽돌로 1부터 13까지의 벽돌을 모두 만들 수 있습니다. 3=1+2, 4=1+3, 9=3+6, 9=1+8, 10=1+9, 12=3+9, 13=1+3+9

스토리텔링 창의수학

3 [당근의 개수]
배추 1개와 당근 2개, 닭 1마리와 당근 3개를 바꿀 수 있습니다. 그림을 보고, 필요한 당근의 개수만큼 색칠하시오.

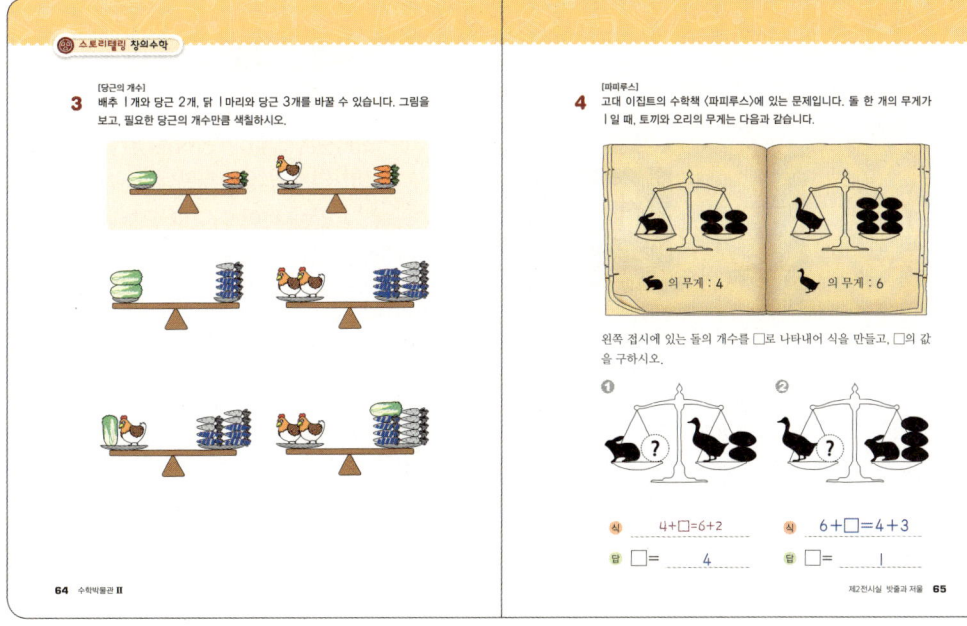

4 [파피루스]
고대 이집트의 수학책 〈파피루스〉에 있는 문제입니다. 돌 한 개의 무게가 1일 때, 토끼와 오리의 무게는 다음과 같습니다.

🐰 의 무게 : 4   🦆 의 무게 : 6

왼쪽 접시에 있는 돌의 개수를 □로 나타내어 식을 만들고, □의 값을 구하시오.

❶ 식 4+□=6+2   답 □= 4

❷ 식 6+□=4+3   답 □= 1

64 · 65

3 닭과 배추를 각각 당근 3개와 2개로 바꾼 후 당근의 개수로 비교하도록 합니다. 이때, 당근은 단위 무게입니다. 당근의 개수를 □로 놓고, 식을 써 보게 하는 것도 좋습니다.
식 : ① 2+2=□, ② 3+3=□
③ 2+3=□, ④ 3+3=2+□

4 □가 있는 덧셈식을 만들어 돌의 개수를 구합니다. 저울은 무게를 재는 도구인데 개수를 구하라는 문제로 아이가 헷갈릴 수 있습니다. 이때, 돌 한 개의 무게는 1, 두 개의 무게는 2라는 것을 말해 주어 돌의 무게가 곧 개수임을 알게 합니다.

III 암호

😊 **단원소개**

암호는 고대 그리스, 로마 시대부터 현재까지 우리 주변에서 많이 사용되고 있습니다. 다양한 암호의 원리와 규칙을 찾아보고, 암호를 해독하고 만들 수 있도록 구성하였습니다.

😊 **학습목표**

1 스파르타 암호의 규칙을 찾아 보고, 암호를 해독하고 만드는 방법을 알게 합니다.
2 에니그마 암호의 규칙을 찾아 보고, 암호를 해독하는 방법을 알게 합니다.
3 네모네모 암호의 규칙을 찾아 보고, 해독표를 사용해 암호를 해독하게 합니다.
4 카이사르 암호의 규칙을 찾아 보고, 여러 방법으로 만들어진 해독표를 보며 암호를 해독하게 합니다.

😊 **스토리 동기유발**

과거 전쟁 중 많이 사용했던 암호의 역사와 암호 도구에 관한 이야기입니다. 이야기 속 도구로 암호를 만드는 방법과 현재에는 암호가 어떻게 사용되는지 이야기해 봅니다.

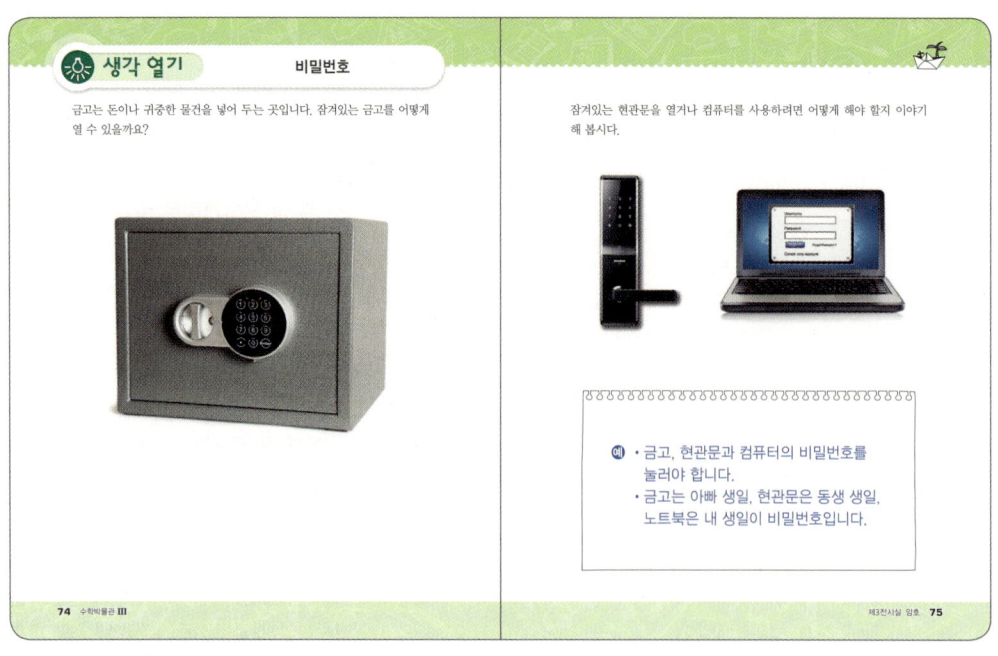

🔆 생각 열기　　비밀번호

금고는 돈이나 귀중한 물건을 넣어 두는 곳입니다. 잠겨있는 금고를 어떻게 열 수 있을까요?

잠겨있는 현관문을 열거나 컴퓨터를 사용하려면 어떻게 해야 할지 이야기 해 봅시다.

예 · 금고, 현관문과 컴퓨터의 비밀번호를 눌러야 합니다.
· 금고는 아빠 생일, 현관문은 동생 생일, 노트북은 내 생일이 비밀번호입니다.

74　75

오늘날에 많이 사용하는 암호에는 어떤 것이 있는지 생각해봅니다. 과거에만 암호가 있는 것이 아니라 오늘날까지도 암호를 많이 사용하고 있다는 것을 알 수 있습니다.

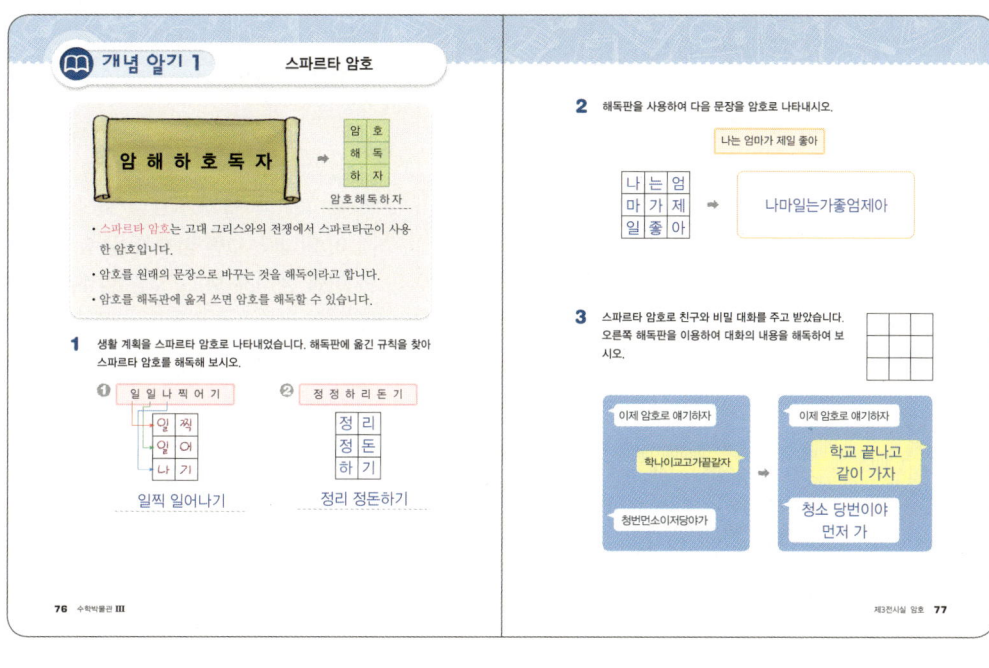

스파르타 암호의 규칙을 찾아 암호를 해독하고, 암호를 만듭니다.

1 스파르타 암호를 해독표에 아래로 (↓) 쓴 다음, 옆으로(→) 읽어 암호를 해독합니다. 모든 방향은 왼쪽에서 오른쪽으로 통일합니다. 암호판을 사용하지 않고 3칸씩 뛰어 읽어도 암호를 해독할 수 있습니다.

2 암호화하려는 문장을 해독판에 가로로 쓴 다음, 세로 방향으로 읽어 암호를 만듭니다.

3 암호로 나눈 두 친구의 대화를 해독판을 이용하여 해독합니다.

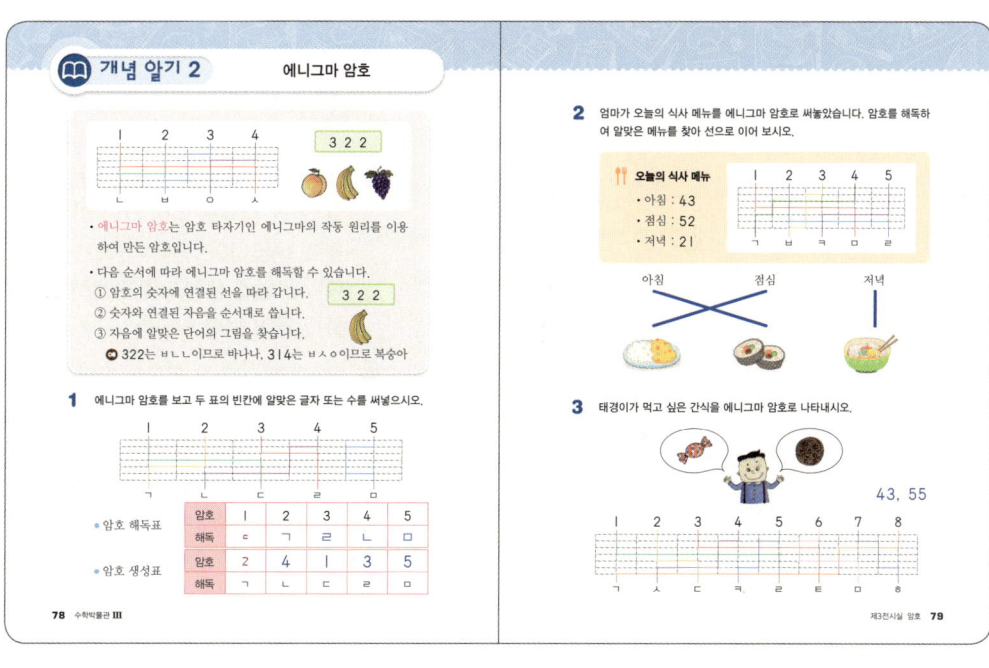

에니그마 암호의 원리와 규칙을 찾아 암호를 해독합니다.

1 에니그마 암호의 원리와 규칙을 알고, '암호 해독표'와 '암호 생성표'를 완성합니다. 숫자와 글자에 연결된 선을 따라 가면 표를 완성할 수 있습니다.

2 숫자와 연결된 선을 따라 가면 자음이 하나씩 짝지어 집니다. 숫자 순서대로 쓴 자음에 맞는 메뉴를 찾습니다.

3 사탕과 쿠키의 자음과 연결된 선을 따라가 짝지어지는 수를 찾아 암호화합니다.

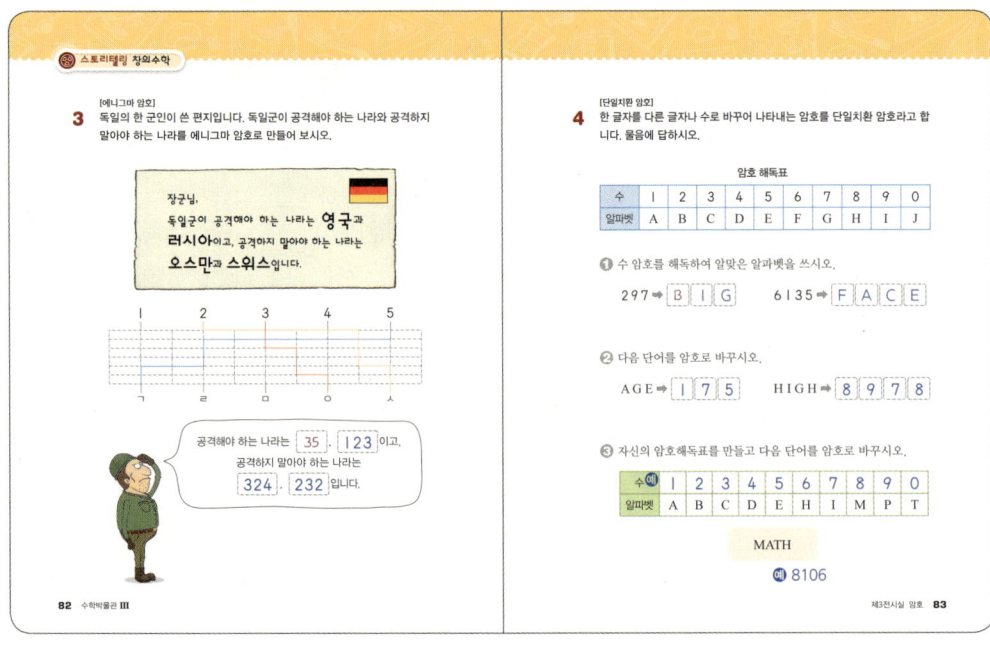

1 그림이 의미하는 글자를 잘 생각해 봅니다. 두 글자가 모여 하나의 낱말이 됩니다. 그림 암호가 될 수 있는 단어를 생각해 보고, 그림 암호를 이용하여 암호문을 만들어 보게 합니다.

2 9글자로 된 스파르타 암호를 해독판에 적어 암호를 해독합니다. 해독할 때에는 암호를 아래로(↓)적은 다음 옆으로(→) 읽습니다. 9글자로 된 문장을 스파르타 암호로 만드는 활동도 해 볼 수 있습니다.

3 에니그마 암호를 만드는 방법을 알고, 암호 생성표 없이 나라 이름을 암호로 바꿉니다. 만약 아이가 어려워한다면 암호 생성표를 작성하여 암호를 만들어 보게 합니다.

4 단일치환 암호는 필요에 따라 수와 알파벳 모두 암호로 만들 수 있습니다. 알파벳을 해독하면 수가 나오고, 수를 해독하면 알파벳이 나오는 원리를 이용하여 주어진 암호를 해독합니다.

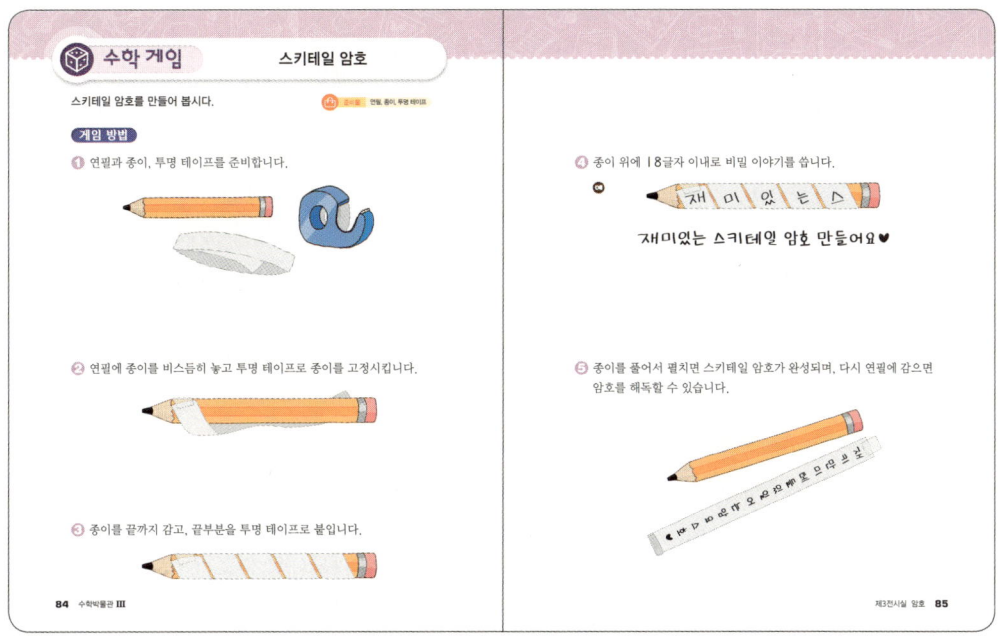

스키테일 암호는 옛날 그리스의 스파르타 군사들이 같은 편의 군사에게 비밀 메시지를 전달하기 위해 사용하던 암호입니다. 암호를 만들 때 사용한 막대기에 암호 종이를 감고, 돌려 가며 글자를 읽으면 암호를 해독할 수 있습니다.

알파벳에 대응하는 모스부호를 찾아 암호를 작성합니다. 모스부호로 암호를 만들고 아이에게 해독해 보게 하는 것도 좋습니다. 해독하는 방법은 생성 과정과 반대로 주어진 부호를 모스부호표에서 찾아 대응하는 알파벳을 순서대로 적으면 됩니다. 단, 암호로 나타낼 때 띄어쓰기를 정확하게 해야 헷갈리지 않고 암호를 해독할 수 있습니다.

📖 개념 알기 3   네모네모 암호

🔒 암호   🟢 해독

1③3③3①   FUN

	①	②	③
1	C	D	F
2	H	I	K
3	N	S	U

- 네모네모 암호는 알파벳을 각각의 가로와 세로의 위치로 나타내는 암호입니다.
- 암호 해독표에서 1③은 1줄과 ③줄이 만나는 칸에 있는 알파벳 F를 뜻합니다.
- 3 ③은 U, 3 ①은 N입니다.

1 네모네모 암호 해독표를 보고 물음에 답하시오.

암호 해독표

	①	②	③
1	A	G	T
2	D	S	U
3	N	C	B

❶ 암호가 나타내는 알파벳을 쓰시오.

1① ➡ [A]   2③ ➡ [U]   3② ➡ [C]

❷ 알파벳을 암호로 나타내시오.

D ➡ [2①]   N ➡ [3①]   T ➡ [1③]

2 네모네모 암호를 해독하여 빈칸에 알맞은 알파벳을 써넣으시오.

암호 해독표

	①	②	③
1	C	D	F
2	H	I	K
3	N	S	U

❶ 1② 3③ 1② 2③ ➡ [D][U][C][K]

❷ 1③ 2② 3② 2① ➡ [F][I][S][H]

3 네모네모 암호 해독표를 이용하여 다음 문장을 암호로 나타내시오.

I LOVE YOU!

	①	②	③
1	L	T	V
2	U	E	I
3	Q	O	Y

2③   1①3②1②3②)   3③3②2①)!

88 · 89

네모네모 암호 해독표를 보고 규칙을 찾아 암호를 해독합니다. 해독표가 있어야 암호를 해독할 수 있습니다.

1 암호의 왼쪽에 있는 숫자는 해독표의 왼쪽에서, 오른쪽에 있는 숫자는 해독표의 위쪽에서 출발하여 두 숫자가 만나는 곳의 알파벳을 읽는 규칙입니다.

2 암호 해독표를 보고, 네모네모 암호를 해독합니다. 다른 단어를 네모네모 암호로 만들어 보는 것도 좋습니다.

3 네모네모 암호의 규칙을 이해하고 주어진 해독표를 사용하여 원하는 문장을 암호로 만듭니다.

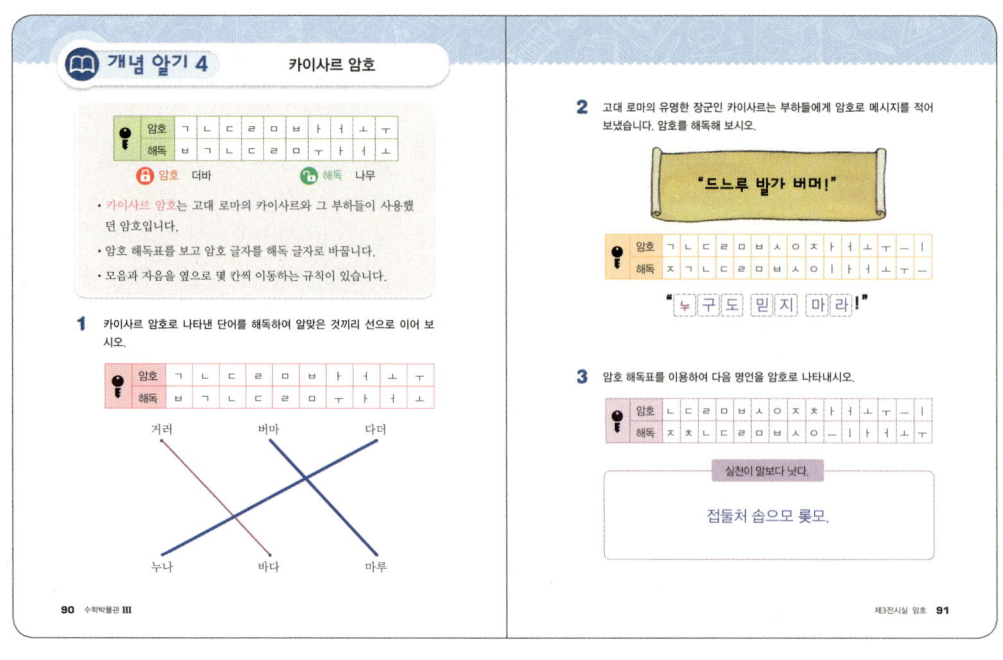

📖 개념 알기 4   카이사르 암호

암호	ㄱ	ㄴ	ㄷ	ㄹ	ㅁ	ㅂ	ㅏ	ㅓ	ㅗ	ㅜ
해독	ㅂ	ㄱ	ㄴ	ㄷ	ㄹ	ㅁ	ㅗ	ㅏ	ㅓ	ㅜ

🔒 암호 더바   🟢 해독 나무

- 카이사르 암호는 고대 로마의 카이사르와 그 부하들이 사용했던 암호입니다.
- 암호 해독표를 보고 암호 글자를 해독 글자로 바꿉니다.
- 모음과 자음을 옆으로 몇 칸씩 이동하는 규칙이 있습니다.

1 카이사르 암호로 나타낸 단어를 해독하여 알맞은 것끼리 선으로 이어 보시오.

암호	ㄱ	ㄴ	ㄷ	ㄹ	ㅁ	ㅂ	ㅏ	ㅓ	ㅗ	ㅜ
해독	ㅂ	ㄱ	ㄴ	ㄷ	ㄹ	ㅁ	ㅗ	ㅏ	ㅓ	ㅜ

거러   버마   다더

누나   바다   마루

2 고대 로마의 유명한 장군인 카이사르는 부하들에게 암호로 메시지를 적어 보냈습니다. 암호를 해독해 보시오.

"드느루 밝가 버머!"

암호	ㄱ	ㄴ	ㄷ	ㄹ	ㅁ	ㅂ	ㅅ	ㅇ	ㅈ	ㅊ	ㅏ	ㅓ	ㅗ	ㅜ	ㅡ	ㅣ
해독	ㅈ	ㄱ	ㄴ	ㄷ	ㄹ	ㅁ	ㅂ	ㅅ	ㅇ	ㅈ	ㅓ	ㅗ	ㅜ	ㅡ	ㅣ	ㅏ

"[누][구][도] [믿][지] [마][라]!"

3 암호 해독표를 이용하여 다음 명언을 암호로 나타내시오.

암호	ㄴ	ㄷ	ㄹ	ㅁ	ㅂ	ㅅ	ㅇ	ㅈ	ㅊ	ㅋ	ㅏ	ㅓ	ㅗ	ㅜ	ㅡ	ㅣ
해독	ㅈ	ㅊ	ㅋ	ㄴ	ㄷ	ㄹ	ㅁ	ㅂ	ㅅ	ㅇ	ㅣ	ㅏ	ㅓ	ㅗ	ㅜ	ㅡ

실천이 말보다 낫다.

접둘처 솝으모 룻모.

90 · 91

나열된 자음과 모음을 옆으로 몇 칸씩 이동하여 만든 카이사르 암호의 해독 규칙을 알아 보고, 암호를 해독합니다.

1 암호의 자음과 모음을 하나씩 분리해 각각 대응하는 자음과 모음을 해독표에서 찾습니다.

2 각각 대응하는 자음과 모음을 순서대로 적어 한 단어로 만드는 것이 중요합니다.

3 카이사르 암호의 암호 해독표를 이해하고 주어진 해독표를 이용하여 벤자민 프랭클린의 명언을 암호로 만들어 봅니다.

🎲 스토리텔링 창의수학

1 [모스부호]

17세기 영국의 시인 로버트 헤릭은 자신의 시에 '고통이 없으면 얻는 것도 없다.'라는 의미를 가진 문장을 모스부호로 나타내었습니다. 모스부호를 해독하여 문장을 완성하시오.

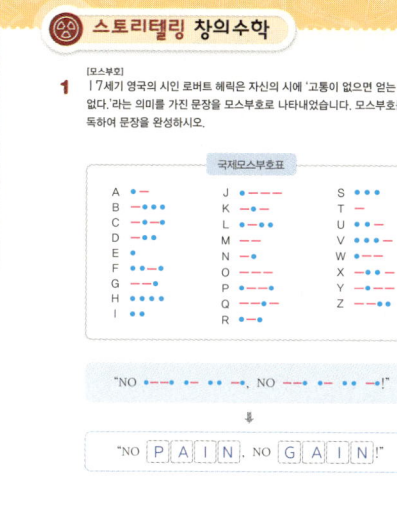

국제모스부호표

"NO ●—●—● ●●● , NO ———●—● ●●—●!"

↓

"NO PAIN , NO GAIN !"

2 [네모네모 암호]

제1차 세계대전때 독일군은 프랑스와 러시아를 공격하는 요일을 네모네모 암호로 전달했습니다. 암호를 해독하여 빈칸에 알맞은 알파벳을 써넣으시오.

🇩🇪 **독일 군사들에게**

프랑스와 러시아를 공격한다.

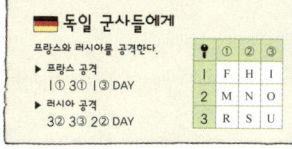

▶ 프랑스 공격
1① 3① 1③ DAY

▶ 러시아 공격
3② 3③ 2② DAY

❶ 암호를 해독하여 빈칸에 알맞은 알파벳을 써넣으시오.

프랑스 공격 ➡ F R I DAY

러시아 공격 ➡ S U N DAY

❷ 독일이 네덜란드를 공격하는 요일을 다음과 같이 정했다고 합니다. 요일을 암호로 나타내시오.

네덜란드 공격 MONDAY ➡ 2① 2③ 2② DAY

---

92 · 93

1 모스부호에 대응하는 알파벳을 찾아 단어를 완성합니다. 해독한 문장을 다시 모스부호로 바꾸어 원래의 암호문과 비교하여 바르게 해독했는지 확인해 보는 것도 좋습니다. 단어 'NO'도 모스부호로 만들어 봅니다.

2 암호를 해독하여 나온 단어가 무엇인지 물어보고, 요일의 영어 이름을 알려줍니다.

🎲 스토리텔링 창의수학

3 [삼일운동]

1919년 3월 1일 만세운동을 실시하는 시간과 장소가 암호로 쓰여진 종이입니다. 물음에 답하시오.

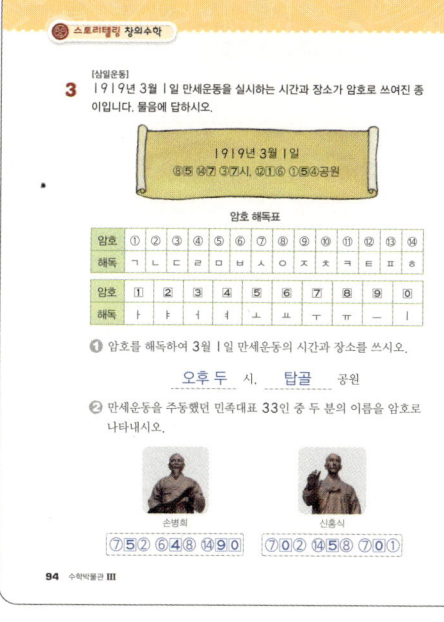

1919년 3월 1일
⑥⑤ ④⑦ ③⑦시, ②⑩ ①⑤④공원

암호 해독표

암호	①	②	③	④	⑤	⑥	⑦	⑧	⑨	⑩	⑪	⑫	⑬	⑭
해독	ㄱ	ㄴ	ㄷ	ㄹ	ㅁ	ㅂ	ㅅ	ㅇ	ㅈ	ㅊ	ㅋ	ㅌ	ㅍ	ㅎ

암호	1	2	3	4	5	6	7	8	9	0
해독	ㅏ	ㅑ	ㅓ	ㅕ	ㅗ	ㅛ	ㅜ	ㅠ	ㅡ	ㅣ

❶ 암호를 해독하여 3월 1일 만세운동의 시간과 장소를 쓰시오.

오후 두 시, 탑골 공원

❷ 만세운동을 주동했던 민족대표 33인 중 두 분의 이름을 암호로 나타내시오.

손병희
⑦⑤2 ⑥④8 1④9⓪

신홍식
⑦⓪2 1④5⑧ ⑦⓪1

4 [알리바바와 40인의 도둑]

알리바바와 40인의 도둑에서 도둑들은 동굴의 문을 여는 주문이 알리바바에게 알려졌다는 사실을 알고 주문을 바꾸고, 카이사르 암호로 외쳐야 열리도록 하였습니다. 주문의 뜻을 써넣으시오.

열려 라!
참기 름 !! 이구나.

칩비비!
넛다밧!!

암호 ㄱㄴㄷㄹㅁㅂㅅㅇㅈㅊ
해독 ㅈㅊㄱㄴㄷㄹㅁㅂㅅㅇ

암호 ㅏㅑㅓㅕㅗ
해독 ㅗㅛㅏㅑㅓ

---

94 · 95

3 암호 해독표를 보고 암호에 적힌 문자를 글자로 바꿉니다. 암호를 해독하여 3·1 만세 운동이 일어나는 시간과 장소를 알아냅니다.

4 자음과 모음을 오른쪽으로 2칸씩 이동하여 만든 이동 암호 해독표를 보고, 암호를 해독합니다. 자신만의 새로운 주문을 만들어 이동 암호로 바꾸어 보게 합니다.

Ⅳ 주사위

🔧 **단원소개**

어떤 일이 일어날 수 있는 경우는 여러 가지입니다. 주사위, 동전 등 우리 주변의 물건을 이용하여 다양한 상황에서 경우의 수를 구하고, 다양한 방법으로 목표수를 만들어 보는 활동을 통해 확률의 기초가 되는 내용을 학습할 수 있도록 구성하였습니다.

🔧 **학습목표**

1 경우의 수의 뜻을 알고, 경우의 수를 구하게 합니다.
2 2가지 일이 동시에 일어날 수 있는 경우의 수를 구하게 합니다.
3 더하는 횟수를 다르게 하여, 목표수를 만드는 여러 가지 방법을 찾을 수 있게 합니다.
4 두 가지 수를 더하여 만들 수 있는 수와 만들 수 없는 수를 찾을 수 있게 합니다.

🔧 **스토리 동기유발**

옛날부터 주사위 게임을 즐겼고, 여러 가지 재료와 모양으로 주사위를 만들었다는 내용을 담은 이야기입니다. 이야기 속 주사위에서 나올 수 있는 수는 무엇인지 이야기해 봅니다.

104 105

주사위 2개를 던져 나오는 눈의 수를 합하여 표를 완성한 후, 두 눈의 합이 7보다 큰 경우를 찾아 표시합니다.
이때, (노란색 주사위 3)+(초록색 주사위 5)=8, (노란색 주사위 5)+(초록색 주사위 3)=8처럼 합이 같은 8이라도 주사위의 종류에 따라 달라질 수 있음을 설명해줍니다.

106 · 107

경우의 수의 뜻을 알고, 일이 일어날 수 있는 경우를 찾아 경우의 수를 구합니다.

1 숫자 개수, 면의 개수, 회전판 숫자의 개수, 구슬의 개수가 각각 경우의 수입니다.

2 햄버거와 음료를 따로 생각하여 경우의 수를 구합니다. 모든 메뉴 중 하나의 메뉴를 고르는 경우의 수도 구해 봅니다.

3 가위바위보 놀이를 할 때 한 사람이 낼 수 있는 경우는 가위, 바위, 보의 3가지 경우밖에 없습니다. 따라서 경우의 수는 3입니다.

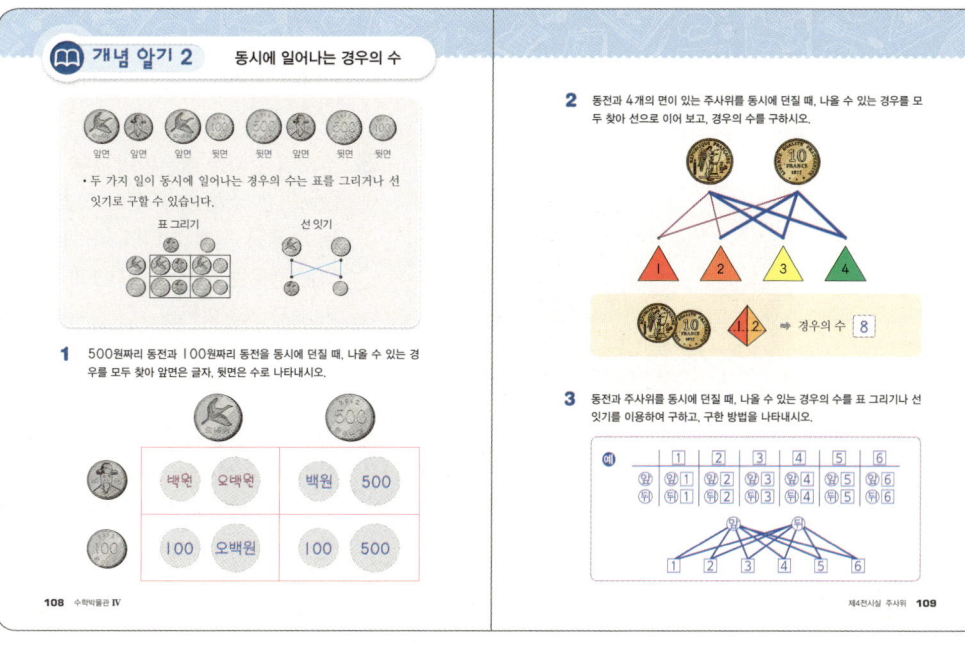

108 · 109

두 가지 일이 동시에 일어날 때, 일어날 수 있는 경우를 찾는 방법을 알아 보고, 경우의 수를 구합니다.

1 표 그리기를 이용하여 100원과 500원짜리 동전을 동시에 던졌을 때 나올 수 있는 경우를 구합니다.

2 동전의 앞면과 주사위의 1, 2, 3, 4를 연결하고, 동전의 뒷면과 주사위의 1, 2, 3, 4를 연결하면 8가지 경우가 나옵니다.

3 주사위와 동전을 동시에 던졌을 때 나올 수 있는 경우의 수를 표 그리기와 선 그리기 중 한 가지 방법을 사용하여 구하는 문제입니다.

스토리텔링 창의수학

1 [한복]
우리나라 고유의 옷인 한복은 저고리와 치마를 한 벌로 입습니다. 저고리 3개와 치마 2개로 입을 수 있는 경우를 모두 찾아 선으로 잇고, 경우의 수를 구하시오. 6

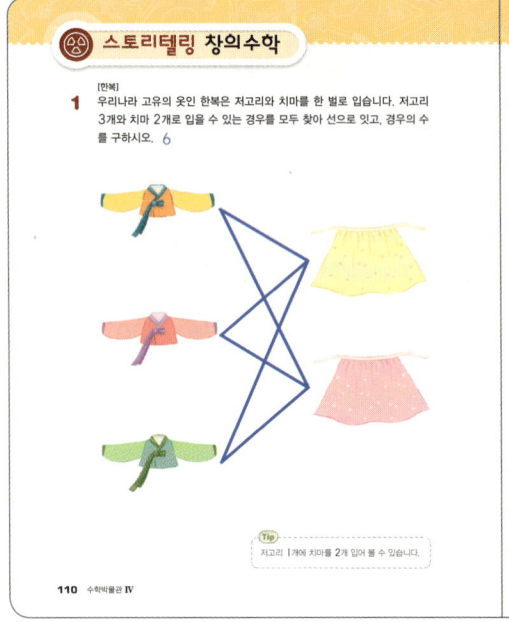

Tip
저고리 1개에 치마를 2개 입어 볼 수 있습니다.

110 수학박물관 Ⅳ

2 [고대 도시 국가]
아테네에서 스파르타까지 가려면 미케네를 지나가야 합니다. 초기에 아테네에서 스파르타까지 갈 수 있는 경우의 수는 2입니다. 중기, 후기의 경우의 수를 구하시오.

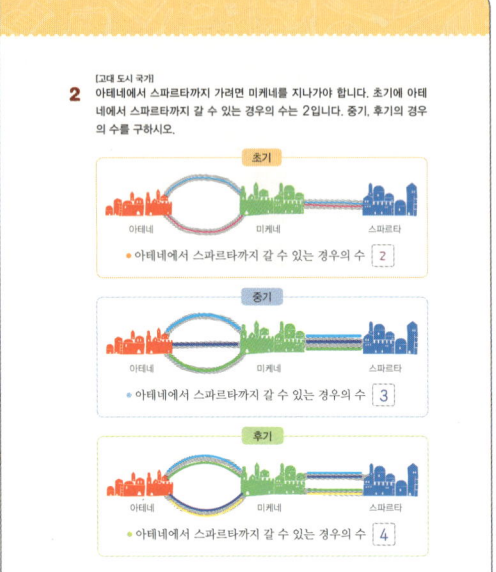

초기
● 아테네에서 스파르타까지 갈 수 있는 경우의 수 [2]

중기
● 아테네에서 스파르타까지 갈 수 있는 경우의 수 [3]

후기
● 아테네에서 스파르타까지 갈 수 있는 경우의 수 [4]

제4전시실 주사위 111

---

110 · 111

1 저고리와 치마를 모두 연결하여 나온 선의 개수가 한복을 입는 경우의 수입니다. 저고리와 치마를 하나씩 짝지어 가짓수를 셀 수 있게 합니다.

2 〈초기〉의 방법처럼 〈중기〉, 〈후기〉의 길의 개수도 그려보게 하거나, 각각의 길에 번호를 매긴 다음, 아테네에서 미케네까지 가는 길과 미케네에서 스파르타까지 가는 길을 연결하는 방법도 있습니다.

스토리텔링 창의수학

3 [주사위와 회전판]
주사위 던지기와 회전판 돌리기를 동시에 할 때, 주사위 수와 회전판 수의 합이 더 큰 사람이 이기는 게임을 하려고 합니다. 빈칸에 알맞은 합을 쓰고, 상대방의 합이 6일 때 이길 수 있는 경우에 ○표 하시오.

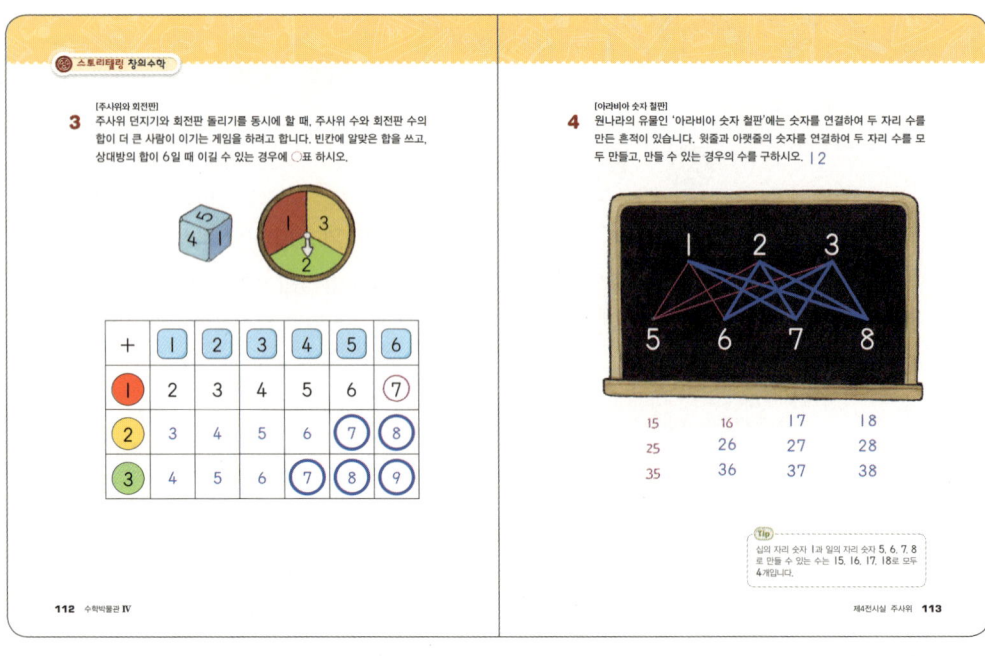

+	1	2	3	4	5	6
1	2	3	4	5	6	⑦
2	3	4	5	6	⑦	⑧
3	4	5	6	⑦	⑧	⑨

112 수학박물관 Ⅳ

4 [아라비아 숫자 철판]
원나라의 유물인 '아라비아 숫자 철판'에는 숫자를 연결하여 두 자리 수를 만든 흔적이 있습니다. 윗줄과 아랫줄의 숫자를 연결하여 두 자리 수를 모두 만들고, 만들 수 있는 경우의 수를 구하시오. 12

1 2 3

5 6 7 8

15   16   17   18
25   26   27   28
35   36   37   38

Tip
십의 자리 숫자 1과 일의 자리 숫자 5, 6, 7, 8로 만들 수 있는 수는 15, 16, 17, 18로 모두 4개입니다.

제4전시실 주사위 113

---

112 · 113

3 주사위 숫자와 회전판의 수를 더하여 6보다 큰 수를 모두 찾아 이길 수 있는 경우를 찾게 합니다. 더해서 3이 되는 경우는 주사위 숫자 1과 회전판 2, 숫자 2와 회전판 1인 것처럼 합은 같지만 다른 경우인 것도 찾아보게 합니다.

4 윗줄과 아랫줄의 숫자를 하나씩 연결하여 만들 수 있는 두 자리 수를 모두 구합니다. 단, 십의 자리에는 윗줄의 숫자, 일의 자리에는 아랫줄의 숫자가 와야 하는 규칙을 알려줍니다.

114 • 115

기록지에 쓰인 두 가지 경우를 하나씩 선택한 다음, 주사위를 던져 어느 경우가 더 많이 나오는지 알아봅니다. '~보다'는 그 수를 포함하지 않는다는 것에 주의하며 기록합니다.

〈기록지 ①〉
홀수: 1, 3, 5, 짝수: 2, 4, 6

〈기록지 ②〉
빨간색: 1, 5, 6, 노란색: 2, 3, 4

〈기록지 ③〉
3보다 큰 수: 4, 5, 6, 작은 수: 1, 2

〈기록지 ④〉
4보다 큰 수: 5, 6, 작은 수: 1, 2, 3

116 • 117

3과 2로 17을 만드는 서로 다른 방법을 찾습니다. 붙임 딱지를 모두 붙인 후, 3센트 우표의 개수가 5개, 3개, 1개로 점점 줄어드는 규칙을 찾아보고, 그때의 2센트 우표의 개수는 어떻게 달라지는지 알아봅니다.

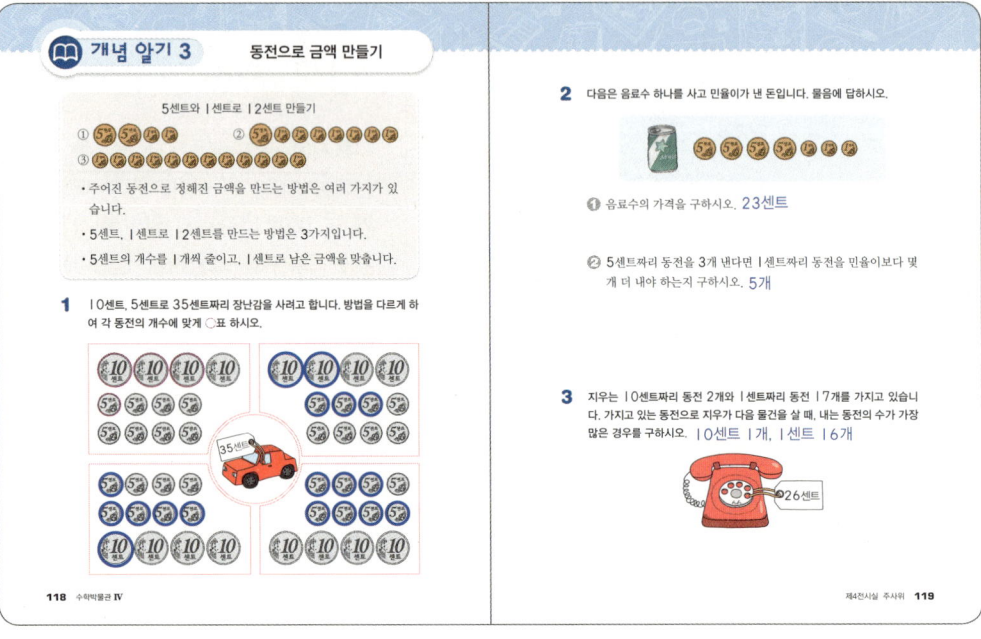

여러 개의 동전을 세어 얼마인지 알고, 같은 금액을 다양한 방법으로 만들어 봅니다.

1 동전의 개수가 금액이 아니라는 것에 주의하여 물건의 가격을 구합니다.

2 5센트짜리 동전을 1개 줄일 때마다 1센트짜리 동전이 10개 더 필요하다는 것을 이용하여 구합니다.

3 지불하는 동전의 수가 가장 많은 경우는 1센트짜리 동전을 많이 사용하는 방법입니다. 따라서 1센트짜리 동전을 16개 사용하고 나머지 10센트만 10센트짜리 동전으로 지불합니다.

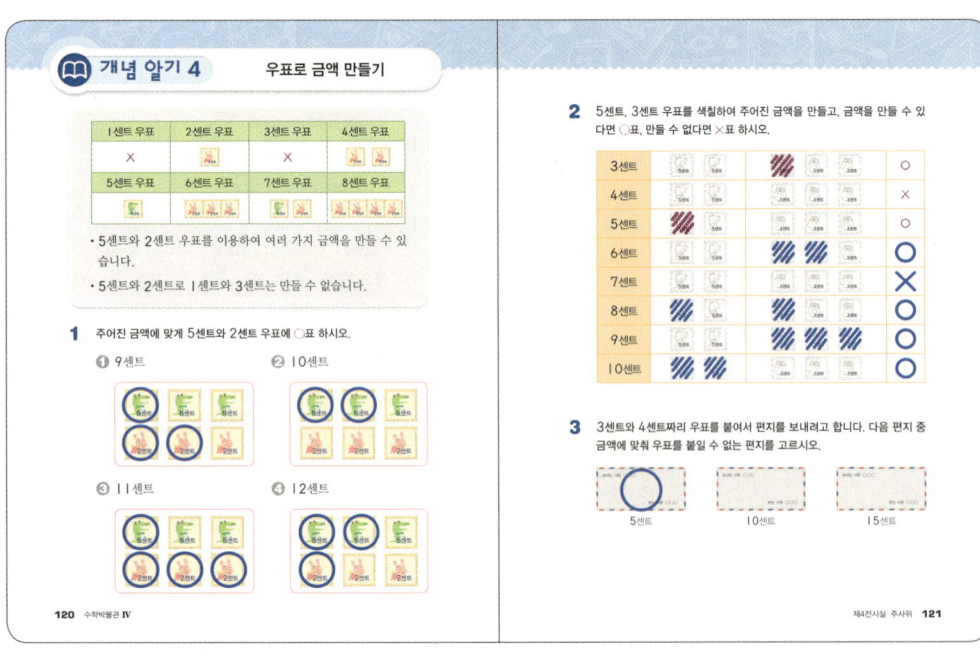

주어진 수를 사용하여 여러 가지 수를 만들어 봅니다.

1 5센트와 2센트를 사용하여 주어진 금액을 만들어 봅니다. 문제에 제시되어 있는 않은 금액들도 만들어 보는 것이 좋습니다.

2 5센트와 3센트 우표로 만들 수 있는 금액과 만들 수 없는 금액을 찾고, 더 큰 금액도 만들어 봅니다. 5와 3으로 만들 수 없는 가장 큰 금액은 7입니다. 따라서 7보다 큰 금액은 모두 만들 수 있습니다.

3 3센트와 4센트짜리 우표로 10센트(3+3+4=10)와 15센트(3+3+3+3+3=15)는 만들 수 있으나 5센트는 만들 수 없습니다.

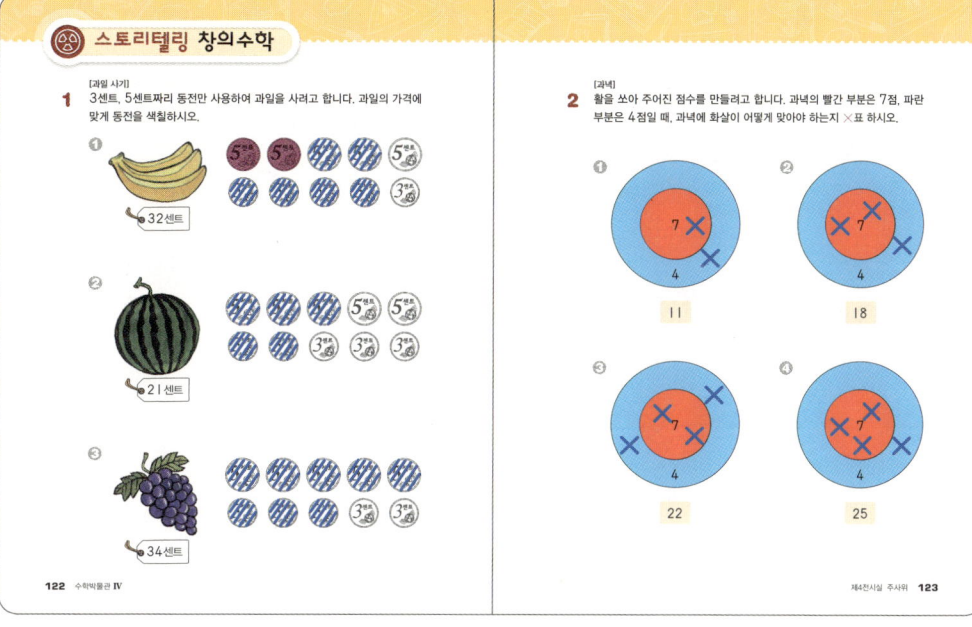

122 · 123

1 3센트와 5센트로 과일의 가격에 맞게 만드는 문제입니다.

32센트 : 3센트 4개, 5센트 4개

21센트 : 3센트 2개, 5센트 3개

34센트 : 3센트 3개, 5센트 5개

2 7과 4로 주어진 수를 만들고, 사용한 수의 개수를 구하여 과녁에 표시합니다. 7을 주어진 수에 가깝게 정해놓은 다음 4로 나머지 수를 만들면 쉽게 이해할 수 있습니다.

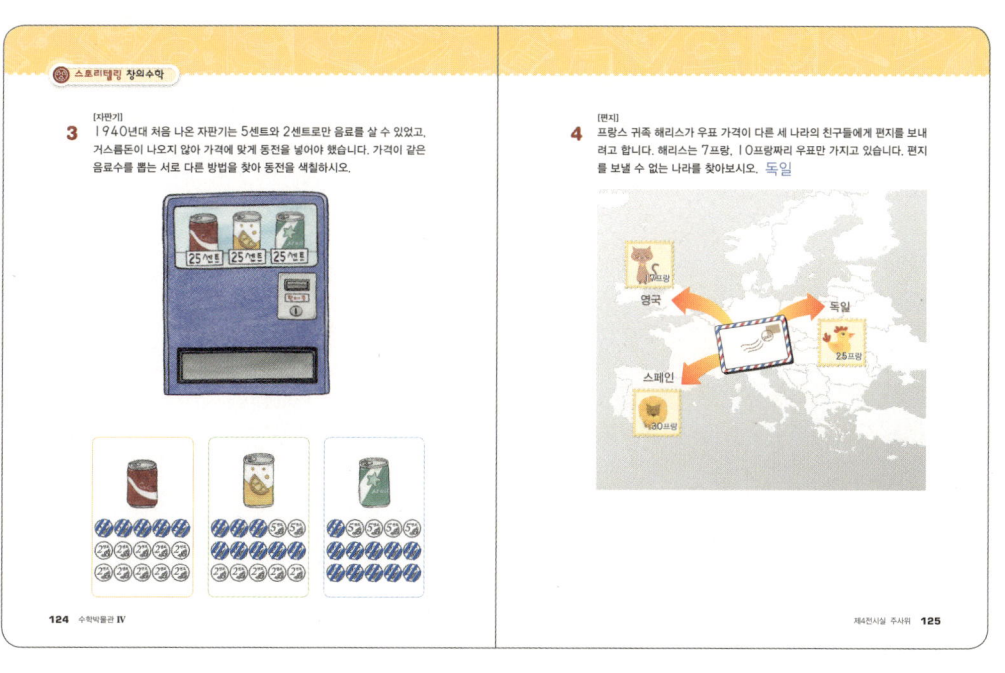

124 · 125

3 25를 세 가지 방법으로 만들어 봅니다. 5의 개수를 25에 가깝게 정한 다음 2로 남은 수를 맞춥니다. 5의 개수를 점점 줄여가면 다양한 방법으로 25를 만들 수 있습니다.

4 7프랑과 10프랑 우표로 만들 수 없는 금액을 찾습니다. 10프랑는 몇 번을 더해도 일의 자리가 항상 '0'이기 때문에 금액의 일의 자리에 맞게 7프랑의 개수를 정한 다음, 남은 금액을 10프랑으로 맞춥니다.

MEMO

MEMO

MEMO

우리 아이의 수학적 잠재력을 깨워주는

창의력 수학 노크

C4 수학박물관으로
배우는 수학

창의력 수학
놀크

C 단계

우리 아이는
수학 학습지만
펼치면 도망가요.

엄마표 학습,
어떻게 하면 좋을까요?

학습지 한 권 떼기가
너무 힘든데 어떡하죠?

노크

엄마들의 고민을 해결하다!

노크와 함께 아이도 엄마도 즐거운 공부 시작 ~♪♬

호기심을 자극하고 재밌게 학습하면서
아이의 생각이 트이는 게 보이더라고요.
아이가 **수학을 재밌게 배우길 원한다면**
노크로 홈스쿨 진행해 보세요.

— 굼벵이님 (6세 여아) —

수학이지만 수학처럼 느껴지지 않아요.
딱딱한 수학이 아닌 **실생활을 주제로**
수학개념을 알려 주니, 아이가 어려워하지
않고 진도를 나갈 수 있어요.

— 아침햇살v님 (6세 여아) —

한 권을 다 끝내는 동안
아이가 전혀 지루해하거나
힘들어하지 않았답니다.
동화책 읽듯이 술~술~하니
아이가 즐거워해요.

— 마들렌님 (7세 남아) —

일상에 숨어 있는 여러 가지 수학
개념을 통해 규칙이나 수, 도형 등
수학에 가깝게 다가가요. 다양한
주제학습으로 **융합적(STEAM)**
사고력도 기를 수 있답니다.

— 겸둥현이맘님 (8세 남아) —

스스로 문제 푸는 아이 모습이
정말 대견하고 신기해요.
혼자서 **2주 만에 한 권**을
뚝딱 풀어내고 나니 아이가
엄청 신나 하는 거 있죠?

— 맘따순날님 (7세 남아) —